中国儿童共享的经典丛书

中国神话故事

海豚传媒 / 编绘

长江出版传媒 长江少年儿童出版社

图书在版编目（CIP）数据

中国神话故事 / 海豚传媒编绘. -- 武汉：长江少年儿童出版社，2015.7
（中国儿童共享的经典丛书）
ISBN 978-7-5353-8604-5

Ⅰ. ①中… Ⅱ. ①海… Ⅲ. ①儿童文学—神话—作品集—中国 Ⅳ. ① I287.7

中国版本图书馆 CIP 数据核字(2013)第 085092 号

中国神话故事

海豚传媒 / 编绘
责任编辑 / 傅一新　佟　一
装帧设计 / 钮　灵
美术编辑 / 鲁　静
出版发行 / 长江少年儿童出版社
经销 / 全国新华书店
印刷 / 广东广州日报传媒股份有限公司印务分公司
开本 / 787×1092　1/16　15 印张
版次 / 2019 年 7 月第 1 版第 10 次印刷
书号 / ISBN 978-7-5353-8604-5
定价 / 35.00 元

策划 / 海豚传媒股份有限公司（19073966）
网址 / www.dolphinmedia.cn　邮箱 / dolphinmedia@vip.163.com
阅读咨询热线 / 027-87391723　销售热线 / 027-87396822
海豚传媒常年法律顾问 / 湖北珞珈律师事务所　王清　027-68754966-227

中 国 儿 童 共 享 的 经 典 丛 书
中国神话故事

| FOREWORD |

美国诗人惠特曼说："你最初读到什么东西，你最初看到什么东西，这些就会成为你未来生活的一部分。"一个孩子需要读的书有很多，但是首先要阅读和熟悉的，是本国的文化经典。让孩子从小就接触经典、诵读经典，对于提高孩子的文化素养，塑造孩子的人格，有着潜移默化的影响和深远的意义。

我们有责任把民族文化的精粹传承下去，让中国孩子从小就得到经典的滋养。在挑选篇目时，我们兼顾到蒙学、诗歌、寓言、神话、童话等各种体裁的儿童经典，让孩子们尽可能全面了解和学习本国文化精粹。

《三字经》《百家姓》《千字文》《弟子规》是中华传统的优秀启蒙读物，它们知识丰富，朗朗上口，易诵易记。在这些经典的熏陶下，孩子将养成通达的性情和敦厚的性格，变得知书达理、心胸开阔。

唐诗是中国珍贵的文化遗产，是先人留给我们的无价瑰宝。其丰富的内容、优美的韵律、动人的意境，给人以无尽的享受。透过它，我们可以感知古人对自然和人生的理解与体悟。

成语和寓言是中华民族特有的语言瑰宝，它们言简意赅、富含哲理、意蕴丰富，闪耀着中华民族的智慧光芒。儿歌、童谣、绕

口令节奏欢快,浅显易懂,易于理解和朗诵。诵读这些经典,可以使孩子轻松学习语言,感受母语之美,增强对事物的认知。

神话故事和民间故事是一个民族宝贵的精神财富,其内容曲折离奇,想象丰富,趣味盎然,有着永恒的艺术魅力,包含着丰富的历史知识和深厚的民族情感。阅读这些故事,能使孩子感受民间文化的魅力,增强文化认同。

《经典中国童话》精选了郭风、葛翠琳、金波等中国童话名家的代表作品,这些童话优美、温暖而细腻,充满了舐犊般的深情,对每一个弱小的生命个体的尊重,以及对真善美的歌颂。它们不仅能给孩子带来温馨和欢乐,还能带来悠远的心灵思考和人生体会。

从小接受经典滋养的孩子,会更加懂得爱和珍惜,会更加热爱生活和生命。所有的这些儿童经典,渗透到孩子心里,最终将变成孩子成长的养料和前行的动力。这些美好的经典读物,是我们推荐给孩子阅读的礼物,也是所有中国儿童最美的感动。儿童经典,属于所有儿童和保有童心的人们。

目录 CONTENTS

中国儿童共享的经典丛书

1　盘古开天辟地	39　嫦娥奔月
4　黄帝战蚩尤	44　骆明的爱情
8　刑天舞干戚	51　鲧盗息壤
13　祝融胜共工	60　大禹治水
17　共工怒触不周山	63　望帝化鸟
21　女娲补天	68　哪吒闹海
25　三个神蛋	73　二郎捉太阳
32　夸父追日	76　沉香救母
35　后羿射日	80　魏徵斩龙

目录 |CONTENTS|

中国儿童共享的经典丛书

89	■ 月老的传说
98	■ 牡丹仙子
102	■ 何仙姑的传说
109	■ 八仙过海
112	■ 酒坛峰的传说
120	■ 巫山神女
124	■ 龙珠
136	■ 天狗吃月
139	■ 三戏海龙王
149	■ 牛郎织女
154	■ 龙王输棋
162	■ 蛙神
169	■ 田螺姑娘
173	■ 龙女拜观音
182	■ 黄巧
192	■ 东海龙王塌东京
200	■ 崂山道士
208	■ 龙王公主
213	■ 九色鹿
219	■ 长寿花
227	■ 小黄龙

盘古开天辟地

传说很多年以前,天和地是合在一起的,世界只是黑暗混沌的一团,好像一个大鸡蛋。人的老祖宗——巨人盘古,就孕育在这黑暗混沌的"大鸡蛋"中。他在"大鸡蛋"中成长着,呼呼地睡着,一直过了一万八千年。

有一天,他忽然醒了过来。睁开眼睛一看,啊呀,什么也看不见,看见的只是漆黑模糊的一片,他闷得心发慌。

他心里一生气，不知从哪里抓过来一把大斧，朝着眼前的黑暗混沌用力一挥，只听得山崩地裂"哗啦"一声，"大鸡蛋"破裂开来。其中有些轻的东西，慢慢上升，变成了天；另外有一些重的东西，渐渐下沉，变成了地。盘古怕它们又要合拢，就头顶天、脚踏地，站在天地的中间。天每天升高一丈，地每天加厚一丈，盘古的身子也每天增长一丈。这样又过了不知多少年，天升得极高，地变得极厚，它们也变牢靠了，盘古不必担心它们再合在一起了。这时，盘古已经耗尽了精力，他终于倒下了。

他临死的时候，口里呼出的气变成了风和云，声音变成了轰隆隆的雷声；他的双眼变成了太阳和月亮，手脚和身体变成了大地上的山陵；他的血液变成了江河，筋脉变成了道路，肌肉变成了土地，头发和胡子变成了天上的星星，皮肤和汗毛变成了花草树木；他的骨头和牙齿，都变成了坚硬的石头、圆亮的珍珠……身上出的汗，就变成了雨露和霜雪。

就这样，人类的老祖宗盘古，把他的整个身体变成了一个美丽的新世界。

黄帝战蚩尤

上古时候,轩辕氏率领部落打败了神农氏,统一了天下,人们称他为黄帝。但九黎族首领蚩尤不服从他的号令,总想起兵造反。蚩尤有八十个兄弟,个个长得人身牛蹄,铜头铁额。他们头上长着尖尖的角,头发像宝剑般锋利,有四只眼睛、六只手,以沙石和铁块为食,非常勇猛。蚩尤有

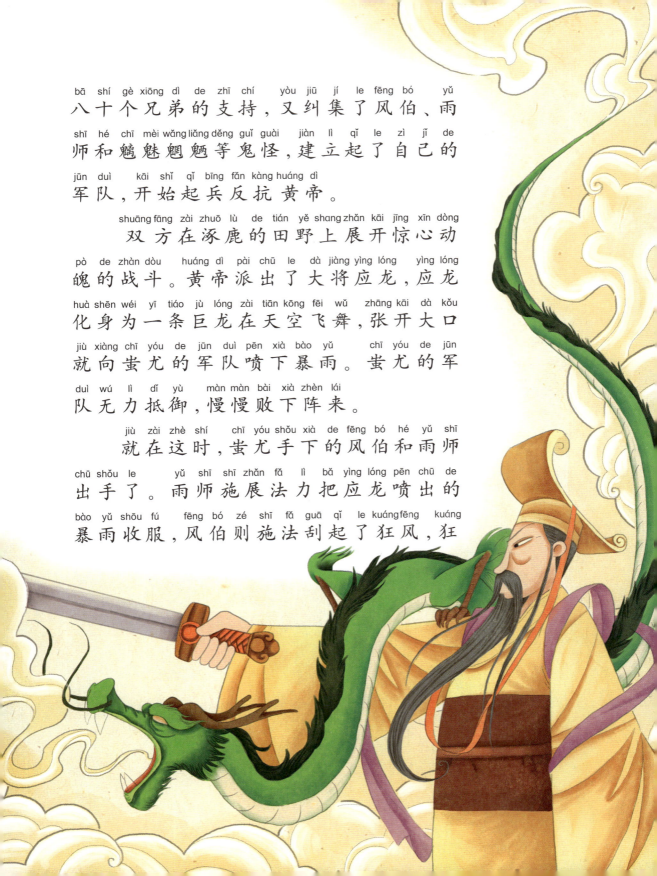

八十个兄弟的支持，又纠集了风伯、雨师和魑魅魍魉等鬼怪，建立起了自己的军队，开始起兵反抗黄帝。

双方在涿鹿的田野上展开惊心动魄的战斗。黄帝派出了大将应龙，应龙化身为一条巨龙在天空飞舞，张开大口就向蚩尤的军队喷下暴雨。蚩尤的军队无力抵御，慢慢败下阵来。

就在这时，蚩尤手下的风伯和雨师出手了。雨师施展法力把应龙喷出的暴雨收服，风伯则施法刮起了狂风，狂风裹着暴雨向黄帝的军队攻去。黄帝的军队被打了个措手不及,只好撤退。

不久,两军再次对阵。蚩尤故伎重施,又命令风伯和雨师施云布雨,但是这次黄帝带来了他的女儿魃。魃是旱神,所到之处风消雨停,寸草不生。魃在阵前念起咒语,刹那间,战场上热浪翻滚,风停雨住,风伯和雨师落败而逃。

蚩尤见状,急忙施展法术,喷出滚滚浓烟,把黄帝的军队团团包围。黄帝的军队在浓烟中无法辨别方向,顿时大乱,形势十分危急。

正在这个紧要关头,黄帝突然想到,随着季节的变化,天空中北斗七星勺柄的指向也会相应变化。根据这个原理,黄帝临阵造出了指南车,率领部下冲出重重浓烟,打败蚩尤。

蚩尤战败后很不甘心,他又率领他的八十个兄弟卷土重来。黄帝想,蚩尤的兄弟们都很勇猛,

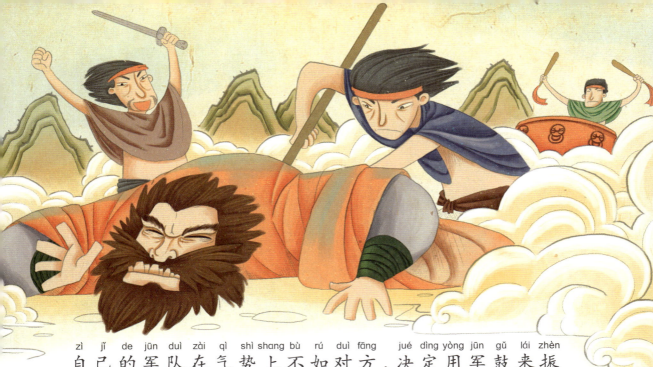

自己的军队在气势上不如对方，决定用军鼓来振奋士气。

黄帝听说东海的流波山上有一个叫夔的怪兽，它的吼声比雷声还大。黄帝就让人捉来了夔，剥下它的皮，做成军鼓。决战开始了。蚩尤和他的八十个兄弟凶猛地冲向了黄帝的军队。这时，黄帝擂响了夔皮军鼓。震天的鼓声震慑了蚩尤，极大地鼓舞了黄帝部下的士气。黄帝的部下个个如狼似虎，一举打败并活捉了蚩尤。

从此，天下太平，百姓们过上了安定的生活。

刑天舞干戚

黄帝打败了炎帝和蚩尤后,做了天帝,天界的天神和人间的百姓都向他臣服。但有一个天神不肯低头,他就是战神刑天。

刑天是个很有才华的天神。他精通音律,曾经创作出很多动听的歌曲,描绘春天人们耕作、秋季里人们载歌载舞庆祝丰收的情景。同时,刑天也是个无拘无束、自由自在生活的战神。黄帝成为天帝后,向所有天神发号施令,这让刑天无法忍受。于是,刑天带上武器,独自去挑战黄帝。

刑天来到了天庭之外,他左手持干(盾牌),右手执戚(斧头),大声地向黄帝宣战。

中国*神话*故事

9

黄帝早就听说过战神刑天,也很欣赏刑天的才华和勇猛无敌的气概,所以不想难为他。黄帝对刑天说道:"勇猛的战神啊,天下已经统一,人间的百姓安居乐业,天界的天神悠然自得。为什么你一定要和我刀兵相见呢?放下武器吧,让这个世界继续和平下去吧!"

刑天挥舞着兵器叫道:"我才不听你的号令!我要做一个自由自在的天神!"说完,他就向黄帝冲了过去。

黄帝并不想杀死战神,他且战且退,一直退到了大地西边的常羊山。战神一路杀过来,一点都没有罢战的意思。在常羊山下,黄帝忍无可忍,终于开始反击。只见黄帝从腰间抽出了宝剑,和手舞干戚的刑天战在一处。刑天虽然勇猛善战,但却比不上身经百战的黄帝。就在他们打得天昏地暗的时候,黄帝突然变幻身影,施展出法力,一剑砍下了刑天的头颅。

失去头颅的刑天一声怒吼,惊天动地。他蹲下身去想要找回被黄帝砍掉的头颅,可是他的头颅滚落到了常羊山下,无法找回了。黄帝长出了一口气,他终于打败了刑天。

但就在这时,出人意料的事发生了。只见失去头颅的刑天并没有倒下,他把双乳当作眼睛,把肚脐当作嘴巴,手中仍旧挥舞着干戚,向黄帝高声呼喊:"黄帝,我还没有倒下,你还没有打败我,我不会服从你的号令的。来来来,我们决一死战。"

渐渐地,刑天的声音微弱了,但是他始终没有倒下。黄帝被刑天不屈的精神深深震撼了。

祝融胜共工

上古时候,没有火种,人们只能将打来的猎物连毛带血地吞吃掉。这样的食物不但味道不好,还让人们很容易生病。

在昆仑山上的光明神殿里,住着火神祝融。他是一位和善而有同情心的神仙。看到大地上的

人们因为没有火种而过着茹毛饮血的困苦生活,祝融心中十分难过。于是祝融就将火种传到了人间,教给人们如何使用火来改变他们的生活。

有了火种,人们学会了烤猎物吃。这样的食物味道鲜美,人们吃了之后,身体也变得健康了,寿命也延长了。所以大家都很感谢火神祝融,纷纷设立神坛拜祭他。谁知这竟引起了另一位神仙的妒忌,他就是心胸狭窄的共工。

共工是掌管水源的水神,居住在东海中。他看到人们如此感激祝融,于是愤愤不平地说:"对于人类来说,水与火都很重要。可是为什么人们唯独尊敬火神祝融,却不感激我这个水神呢?"共工把怨气都撒到了祝融的身上。他率领水族离开东海,浩浩荡荡地向昆仑山光明神殿进发,发誓要打败这个讨厌的家伙。

共工调集五湖四海的水源源不断地冲向祝融的光明神殿。一时间大地上洪水肆虐，人间的无辜百姓可遭了殃。祝融被激怒了，他驾着一条金光闪闪、烈焰灼灼的火龙迎战共工。只见祝融驾着这条火龙，在共工调集来的汹涌洪水中左冲右突，把水族冲得溃不成军。共工调集来的大水也被火龙喷出的神火炙烤得渐渐干涸，无法再掀起滔天的巨浪。祝融乘势驾着火龙冲向共工，把共工烤得焦头烂额。共工大败而归。

共工被祝融赶回了东海，地面上的洪水也很快就退了。人们走出家门，欢呼祝融的胜利。从那以后，人们永远记住了给人间带来火种和幸福的火神祝融。

共工怒触不周山

据《列子·汤问》记载，黄帝的孙子叫颛顼，他很聪明，又有智谋，在民众心目中是一位很有威信的统治者。与颛顼同时，有个部落领袖叫作共工。传说他是人首蛇身，长着满头的赤发，他的坐骑是两条龙。他把农耕看得很重，尤其重视水利工作，还想到了筑堤蓄水的办法。因此他被人们称作水神。

颛顼不赞成共工的做法。颛顼认为,在部族中至高无上的权威是自己,整个部族应当只听从他一个人的号令,共工是不能自作主张的。他以这样做会让上天发怒为理由,反对共工实行他的

计划。于是,颛顼与共工之间,发生了一场十分激烈的斗争。

共工手持两把青斧,坐骑是两条威风凛凛的神龙;颛顼却手持长剑,坐骑是一只威武圣虎。此时,天昏地暗,电闪雷鸣。共工骑着青龙向颛顼杀了过去,两人大打出手,你来我往斗了几百个回

合,一直打到了天黑,还是不分胜负。颛顼宣布暂时休战。颛顼是个很聪明的人,他回去以后,利用鬼神的说法,得到了大多数民众的支持。人们都开始纷纷谴责共工,让他投降认输。

共工虽然不能得到民众的理解和支持,但他坚信自己的计划是正确的,坚决不肯屈服。又一场恶战开始了,颛顼纠集了很多天神,又有大批的军队;共工带了很多巨人来参战。这一仗杀得天昏地暗,渐渐地,颛顼占了上风,他的部众越来越多,共工这方被杀得人仰马翻。共工带领巨人,辗转杀到西北方的不周山下。这不周山是一根撑天的巨柱。这时，颛顼率军从四面八方冲来，喊杀声惊天动地，把共工他们逼到了不周山下。共工见大势已去，但他坚决不投降，他要用生命捍卫自己的事业和信念。于是，共工驾起飞龙，猛地向不周山撞去。

霎时间，一声震天巨响，只见不周山被共工猛然一撞，立即拦腰折断，整个山体轰隆隆地崩塌下来。天地之间发生巨变，天空中，日月星辰都变了位置；大地上，山川移动，河川变流。只见大地向东南方向塌陷，天空向西北方向倾倒。因为天空向西北方向倾倒，日月星辰就每天都从东边升起，向西边降落。因为大地向东南塌陷，大江大河的水就都奔腾向东，流入东边的大海里去了。共工英勇的行为得到了人们的尊敬。人们奉他为水师（专管水利的神仙）。

女娲补天

女娲创造了人类后,人类一直过着平静快乐的日子。

不料有一年,水神共工和部落首领颛顼产生了矛盾,打起仗来。这一仗打得非常激烈,从天上一直打到人间。最后,水神失败了。

失败的水神共工又羞又恼,觉得再也没有脸面活在世

上了，就一头向不周山撞去。这一撞却闯出了天大的祸事。

原来，那不周山是矗立在西北方的一根撑天的柱子，经共工这么一撞，撑天的大柱子断了，大地的一角也被碰坏了，世界因此发生了一场可怕的灾难。

半边天空坍塌下来，天上露出了一个大窟窿，地面也破裂成了纵一道横一道的黑黝黝的深坑。山林燃起了熊熊大火，从燃着大火的山林里又窜出来各种恶鸟猛兽，到处害人。洪水喷涌而

出,使大地变成了海洋。人们已经无法生存下去了。

女娲看到这场大灾难,痛心极了,于是决定补天。

补天是个巨大而艰难的任务,可是人类的母亲女娲,为了她心爱的孩子们,一点也不怕艰难和困苦,独自勇敢地担负起了这个重任。

她先在大江大河里挑选了许多五色石子,架起火,把这些石子熔炼成胶状物，再拿这些胶状物去把天上的一个个窟窿都填补好。

她怕补好的天空再坍塌，便又杀了一只大乌龟，斩下它的四只脚，用来立在大地的四方，代替天柱，把天空像帐篷似的撑起来。这样，天再没有坍塌下去的危险了。

那时，地上有一条凶恶的黑龙在作怪，女娲便去杀了这条黑龙，同时又赶走各种恶鸟猛兽，使人类不再受禽兽的伤害。

女娲又把河边的芦草烧成灰，堆积起来，堵住了洪水。

这时候，大地恢复了欣欣向荣的景象，人类又能快乐地生活了。女娲见孩子们生活得很好，心里也很高兴。

三个神蛋

在远古时代,在大地上生活的人类都还过着茹毛饮血的日子。他们还不懂得开垦土地、种植庄稼,也不知道喂养家禽,只会从树上采摘野果,或是在地上挖野菜。渐渐地,大地上的人逐渐多了起来,人和人之间的矛盾也多了起来。人们开始为了食物、女人、地盘相互争斗。就这样,大地上每天都不得安宁,人们过得一团糟。

终于,一个叫莫元的人无法忍受了,他向天神摩咪祈求道:"慈悲的摩咪天神,请您帮帮我们!看看如今混乱不堪的大地吧,乞求您的怜悯!"

摩咪天神听到了莫元的祷告,现身说道:"在遥远的一座山上,我已经让神鸟下了三个蛋在那里,待到破壳之日,会从里面出来三个人,他们会达成你的心愿,让大地从此平安。你去找他们吧。"

莫元连忙向摩咪天神表示感谢,然后马上动身去寻找神蛋了。

因为不知道神蛋究竟在哪一座山上,莫元像大海捞针一般,慢慢地在每一座山上搜寻。莫元不知道自己已经翻越了多少座大山,蹚过了多少条河流,却始终没有看到神蛋的影子。最后,莫元筋疲力尽了,沮丧地找了一块石头坐着休息。突然,一个巨大的鸟的影子从他眼前掠过。莫原连忙抬头望去,只见一只庞大的黑鸟正快速地朝着东南方向飞走,越飞越远,然后消失在天边。

这一定就是神鸟!莫元的劲头又来了,他要追上神鸟,然后找到三枚神蛋!于是,莫元朝着神鸟飞走的方向走去，不敢有丝毫松懈。莫元日夜兼程，饿了就随便摘些野果吃，渴了就直接掬一捧河水喝，累了也不休息，拼命朝前赶路。

整整十二天过去了，莫元不知道走了多久，看见一道绝壁出现在前方，挡住了他的去路。绝壁又陡又滑，根本无法攀爬过去。怎么办呢？莫元一气之下，抱起一块大石头狠狠地朝绝壁砸去。巨石砸上绝壁，发出了"轰"的一声巨响，只见被砸的地方裂开了一道缝隙，一根粗壮的树根垂落了下来。莫元连忙抓住树根，慢慢地往上爬。眼看就快爬到悬崖了，突然一阵狂风吹过，莫元吃一惊。他抬头一看，原来神鸟正好飞过。

神鸟在这里，那么苦苦寻找的神蛋肯定也在这儿。莫元爬上悬崖后，便赶紧开始四处寻找神蛋。功夫不负有心人，莫元在一个山洞里找到了神鸟的窝，三枚神蛋正稳稳地躺在那里呢！

三枚神蛋分别是红色的、绿色的和白色的,莫元高高兴兴地把它们抱回家去了。一路上,莫元暗自思忖,要去找一只母鸡来孵蛋。终于到家了,莫元小心翼翼地把神蛋放在一旁,又去找来许多干草做了一个窝。窝做好了,可是却怎么都找不到愿意孵蛋的母鸡。寻常的母鸡一看到神蛋就惊叫着飞跑了,怎么都不敢去孵蛋。一天,莫元回到家里,惊讶地发现一只黑母鸡正静静地坐在神蛋上呢。莫元高兴极了,忙找来食物喂给母鸡吃。可是,黑母鸡却看都不看一眼,只顾着专心孵蛋。

就这样,黑母鸡不吃不喝,整整孵了一百一十八天,神蛋终于破壳了。从神蛋里走出来三个男人,他们刚刚出来就会说话,而且见风就长,不一会儿就长成了大人模样。黑母鸡看着三个男人长大后,突然张开翅膀挥动了两下,瞬间就变成了原来那只神鸟。神鸟欢快地鸣叫了一阵,就展翅飞走了。

莫元这才向那三人问道:"你们各自擅长什么啊?"

从红蛋里孵出来的人说道:"我可以做官,帮人们明断是非。"

从绿蛋里孵出来的人说道:"我可以做巫师,替人们驱鬼治病。"

从白蛋里孵出来的人说道:"我可以当工匠,为人们制造工具,建造房子。"

就这样,从神蛋里出来的三个兄弟各司其职,

替大地上的人们做着自己能力范围内的事情。官员每天忙着为人们主持公道,判断是非,从此以后,那些打架斗殴的事件很少发生了;巫师天天忙着替人们驱鬼治病,帮人们恢复健康,从此以后,鬼怪也不敢靠近人类了;工匠制造了很多锄头、斧头,锯子、柴刀等五花八门的工具,还帮助人们盖房子,让人类有房子住。从此,人们过上了安居乐业的生活,大地上生机勃勃,热闹极了。

夸父追日

很久很久以前,有个巨人,名字叫作夸父。他在地上一坐,就像一座大山;他一站起来,脑袋能碰着天上的云彩。他的两条腿很长很长,一步就能跨过一条大河,他跑起来,连飞鸟也追不上。

他看见太阳早上从东边升起,傍晚从西边落山,心想:要是把太阳搬到地上来,没有夜晚了,那该多好啊!

夸父朝着太阳，跑呀，跑呀，一下子就跑了一千多里路。他跑呀，跑呀，一直跑到太阳下山的地方。红彤彤的太阳就在眼前了。夸父高兴极了，真想一把抱住它。

可是太阳像个火球，呼呼呼地喷着火焰，把夸父烤得口渴极了，要是再不喝一点水，他就要渴死了。

他跑到黄河边，弯下身子，一口气就把黄河的水喝完了；又走到渭河边，弯下身子，一口气又把渭河的水喝完了。

夸父终于像山一样倒下来，轰隆一声，把大地也震动了。

夸父的手杖掉在地上，一会儿就生了根，发了芽，抽了枝，长成一棵桃树。过了几年，这地方就长出了许许多多桃树，结的桃子又多又大，一咬一口蜜甜的汁水。

夸父把桃树留给了像他一样热爱光明、又很勇敢的人。他们路过这儿，口渴了，就摘几个桃子来解渴。

后羿射日

很久很久以前,大海里长着一棵又高又粗的扶桑树,这是太阳的家。那时候,有十个太阳,他们一起住在这棵扶桑树上。

这十个太阳是十兄弟。他们每天轮流到天上去,今天是老大,明天是老二,后天是老三……

公鸡"喔喔"一叫,他们的母亲就坐着车来了,轮到谁,谁就上车到天上去。这车金光闪闪,由六条

龙拉着它在天空奔跑。到了傍晚,母亲就又把它送回扶桑树上去。

就这样,过了几千年,几万年……有一天夜里,太阳十兄弟一起唧唧喳喳地说:"唉,咱们十天才上一次天,还让母亲陪着,太没意思了。明天,咱们不等母亲来,一起上天去玩个痛快吧!"

第二天,不等公鸡"喔喔"叫,太阳十兄弟就一起离开了扶桑树上天去玩了。这可不得了,天上亮得叫人睁不开眼睛,地上热得叫人喘不了气。

不一会儿,河里的水全给晒干了,地里的庄稼全

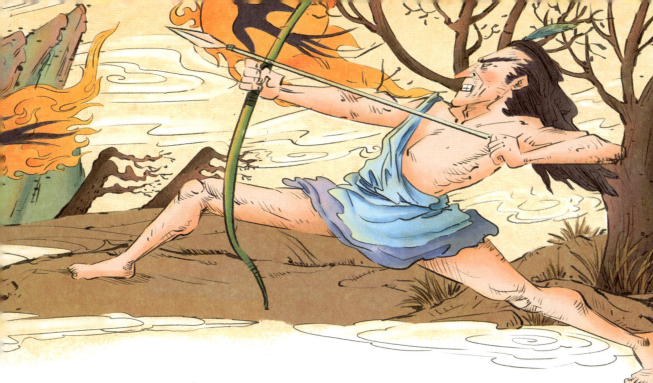

给烤焦了，还有许多人热死了。

这件事情让太阳的父亲帝俊知道了。他很生气，就派了神射手后羿去教训他们。

后羿带着帝俊给他的一张弓和十支箭来到人间。他看见人间的惨状，立刻搭上箭，拉满弓，想吓唬吓唬太阳们。可是太阳们根本不怕。后羿为了解救人们的苦难，就对准一个太阳，"嗖"地射了一箭，被射中的那个太阳像只火球，骨碌碌滚下来，原来是一只金色的乌鸦。

这一来，剩下的九个太阳慌了，在天空中乱跑乱窜。

后羿连射了五箭，射下了五个太阳，地上不像先前那么热了，可是老百姓还是受不了啊！

嗖，嗖，嗖，后羿又射了三箭，射下了三个太阳。这下可好了，天气跟平常一样了，老百姓乐得一齐欢呼起来。

后羿伸手去抽最后一支箭，准备射最后一个太阳，突然发现箭没有了。这是怎么回事呀，他明明带了十支箭，怎么少了一支？

原来这最后一支被老百姓拿走了。老百姓说："不能再射了！要是把太阳全射下来，大家也没法活了。"

后羿一想，也对，就饶了那最后的一个太阳。

嫦娥奔月

后羿射下九个太阳后,得罪了天帝,妻子嫦娥和他一起被贬到凡间。妻子受到连累,后羿感到很歉疚。

"凡人都会变老,如果有一天嫦娥老了,变得满脸皱纹,她会不会伤心?"

后羿越想越难过,"不行,我一定要让嫦娥永远年轻,让我们夫妻二人长生不老,在人间永远过着幸福的生活!"

于是,他对嫦娥说:"听说昆仑山上的西王母有一种灵药,吃下去可以长生不老,我去向她求两颗。"

后羿历经艰辛,翻过了化物成灰的炎山,渡过了鹅毛沉底的弱水,最后攀上万丈山崖,终于见到了西王母。西王母非常赞赏后羿的胆识,也

很同情他的遭遇,便答应将灵药给他。

但是灵药只有一颗,西王母对后羿说:"我这灵药是用不死树结的不死果炼成的。不死树三千年开一次花,三千年结一次果,炼出灵药又需要三千年。现在仅剩下一颗,你们两人如果各吃一半,便可以长生不老;但如果一个人吃了,便会升天成仙。只有一颗,你可要好好保管啊。"

后羿收好灵药,谢过西王母,便高兴地回家了。回到家后,他把药交给嫦娥保管,并约好月

圆之夜，二人一同吃下。
可是，甜蜜的生活没过多久，夫妻之间的感情就出现了变化。后羿每天都为百姓除害，打巨蟒，擒凶鸷，杀害虫……他天天早出晚归，没有时间陪嫦娥。
嫦娥感到非常寂寞和无奈：自己以前在天宫里过的是何等快乐的日子，如今却独守空房，满肚子委屈无处倾诉。既然在凡间这样难过,不如离开算了。于是嫦娥拿出灵药,闭上眼睛,一口吞了下去。不一会儿,嫦娥感觉身子轻飘飘的,不由自主地离开了地面,向天上飞去。

"后羿!后羿!"嫦娥害怕极了,不停地呼唤着丈夫的名字。这时,后羿刚好回来,看到妻子正徐徐向远处飞去,顿时急得大喊:"嫦娥,不要离开我!不要啊!"可是,嫦娥越飞越高,越飞越远,直奔月宫而去。

不知不觉中,嫦娥来到了月亮上的广寒宫。然而,这里不但寒冷,还比人间更加寂寞,只有一只玉兔陪伴。"是我的任性和一时冲动害苦了后羿,也害苦了我自己……"嫦娥经常在月宫中遥望着人间的万家灯火,思念着后羿。

骆明的爱情

骆明是天上的一个小神仙,他一直有个愿望,那就是找到自己的父亲。他经常拿着金色手杖飞翔在南海的上空,因为骆明是在这一带出生的。不知道他寻找了多少个年头,可是始终没有发现父亲的踪影。

这一天,夜幕已经降临,在月光下,骆明忽

然看见了海边的一块礁石上坐着一个少女。少女的身影在夜色中隐约可见,她长长的头发被凉爽的海风轻轻吹起。这时候,那个少女也发现了他,她好像是受到了惊吓,立即跳入了大海。骆明立即飞过去想要把她救起来。可是,当他赶到时,少女已经不见了。在少女刚刚坐过的礁石上,有一堆美丽的珍珠。骆明很诧异,难道她本就是海里面的生灵?

第二天,骆明早早地来到了这个礁石旁,藏了起来,看那位少女还会不会出现。当月亮升起

后，少女又来到了这里。骆明看见她从海水中慢慢地探出头来，皎洁的月光照耀着少女白皙的肌肤。骆明目不转睛地看着她，他爱上了这位来

历不明的少女了。少女斜坐在一块礁石上，背靠着大海，她腰部下面全部浸泡在蔚蓝的海水中，长长的头发随着海水的波浪摆动着。少女今天穿了一件粉红色的上衣，轻柔的海风不时地吹过，她时常抬起光洁的手臂来梳理被海风吹乱的秀发。

骆明小心地靠近少女,不希望她跟昨天一样又逃入到这万顷碧波里。可当少女发现他时,又

一头扎进了大海里。骆明也跟着跳进了海里,跟着她潜入海底,来到了一座美丽水晶宫殿里。

在水晶宫里,骆明见到了很多上身穿着美丽的衣服、下身长着光亮鱼鳞的美人鱼。美人鱼少女们在海神宫殿的一处织布房中,每一架织布机旁边都有一位美人鱼,她们一边哭泣,一边还在

织着美丽的绫罗绸缎。原来，美人鱼居住的地方不在这片海域，她们为了生存才来到这个宫殿，为海神织着那些漂亮的衣裳。美人鱼们经常哭泣，因为她们已经好久没有看见自己的父母和可爱的家乡了，她们的眼泪落到了绫罗绸缎上面，就变成了泛着五彩光芒的珍珠、宝石。

但是骆明爱上的那位美人鱼并没有回到自己的织布机旁，而是进入了一间小房子里面。她靠在自己的小床上默默流泪。骆明也跟着来到了这间房子，他看见这里面就只有少女一人，就渐渐地显出自己的身形来。

少女发现他后，没有发出声音，只是睁大眼睛诧异地望着他。骆明看着美丽的少女，缓缓地说出藏在自己心底对她的爱恋，还将昨晚她留在海边礁石上的珍珠都递给了她。可是少女并没有拿回那些属于自己的珍珠，只是径自伤心流泪。

忽然,她转过来哀求骆明,说道:"我叫芳菱。如果你是真的爱我的话,那我可不可以请你帮忙?你代替我到我家中去看看我的父母亲,告诉他们,女儿在这里一切都好,只是特别想念他们二老。还希望你能够把这些珍珠替我捎回去,告诉他们,这是女儿因为思念他们而流下的泪水变成的。可以吗?"骆明没有任何犹豫,点头答应了少女的请求。

骆明来到了芳菱父母的家中。骆明看见芳菱的父亲因为思念女儿已经斑白了双鬓,母亲也因为整日以泪洗面而哭瞎了双眼。骆明将芳菱说的话一一讲给两位老人听了,还把那捧明亮的珍珠交到了二老的手上。两位老人知道了女儿的近况,十分高兴,可是看到了这些由女儿泪珠变成的璀璨珍珠,不由得十分悲伤。芳菱的父亲看着妻子,叹道:"她一直想再见女儿一面,可是她双目失明,看来不能实现这个心愿了。要是能够治好她的眼睛,我就满足了!"

骆明知道了两位老人的心愿后,马上飞到了医神的住处,问他有没有什么办法治好芳菱母亲的眼睛。医神被芳菱的遭遇感动了,于是帮芳菱的母亲治好了眼睛。骆明安排芳菱和她母亲见面了。

骆明用自己的真心终于换来了芳菱的心,每个夜晚芳菱都会和骆明在月光照耀下的礁石上相会。后来,他们的儿子出生了,就是鲧。

鲧盗息壤

尧舜时代,天地间肆虐着滔天的洪水,百姓生活在水深火热之中。尧为此事头疼不已,为治大水他已经熬了几个月,身体也渐渐吃不消了。他想找一个能帮他解燃眉之急的人,大臣们觉得此人非崇伯鲧莫属。

鲧是公认通晓地质水土的人才,尧召见了他。由于连日操劳,尧显得很疲惫。他端坐在椅

子上，叹了一口气，说道："大水泛滥，黎民百姓遭殃。崇伯，我已经无计可施了，希望你能早日找到治水患的方法，也好还天下百姓安居乐业之地。"

鲧叩拜在地，说道："微臣定当拼尽全力治水，不负天下人的嘱托。"

鲧一边观察水情，一边琢磨发洪水的原因：天地间一切都是天帝掌管，发洪水定是天帝在惩罚人间，那最有效的方法不就是让天帝收回成命吗？鲧直接来到了天殿。天帝正坐在宝座

上，见鲧走进来，他不高兴地问："崇伯你到这里来做什么？"

鲧先行了大礼，才抬起头回天帝的话："帝尧托在下治水……"

天帝一听，马上打断他："治水怎么治到天庭来了？"

鲧躬身回道："人间定是惹怒了天庭，才遭此大祸。微臣希望您能体谅一下百姓之苦，能免除这个惩罚。"

天帝看着鲧，说道："原来你是为他们求情来了，这是他们要遭受的劫难，我不会轻易免去的，你就好自为之吧。"鲧刚准备回话，天帝一挥手，他便直接从天上掉回了人间。

鲧原本寄希望于上天，希望能以最短时间止住洪水。他知道，现在只能靠自己了。他心怀万民，没有丝毫犹豫又开始行动了。鲧决定用"堵"这种方法来治水。他觉得只要大堤又高又结实，一定能把水堵在外面。他不断地修建高大的堤坝，泥土不够就去削山填海。洪水像是和他作对一样，堤坝越高水势也越高，鲧不辞辛苦地治了九年，但洪水没有一丝减退之势，相反更加肆虐了。鲧深知自己的工作没有成效，看到老百姓备受煎熬，他也只能咬牙坚持。

这天,鲧正在新建的堤坝上和百姓们一起挑土。鲧看见一只乌龟背着一只受伤的猫头鹰从此处经过,便准备过去帮忙。刚走近,他听到猫头鹰对乌龟说:"唉,鲧也算很辛苦了,只是这样治水是根本不行的。"乌龟表示同意:"对,这是天庭发的洪水,要治水还得请天庭帮忙。"猫头鹰摇摇头,说道:"没用的,听说鲧早就求过天帝了,天帝没有答应。只是他不知道,除了天帝,还有一样东西可以帮他治水。"乌龟点点头。

鲧连忙喊住它们："两位留步，可否告知在下是什么东西可以助我一臂之力？"猫头鹰面带难色地说："天机不可泄露。但是我们也不愿看百姓受苦，就告诉你吧。那件宝物叫'息壤'，在天庭宝库里面。有了它，你就能完成这治水大业了。"说完，它们就匆匆走了。

鲧顿时茅塞顿开，准备再上天庭求宝。转念一想，天帝是肯定不会答应借的。那么就只有偷了，但是窃取宝物是死罪，鲧犹豫不决地回到堤坝上。突然，他听到有人呼救，鲧跑过去一看，一个大浪卷走了正在堤坝上工作的百姓。鲧心里一紧：百姓还在受苦，他却在为一己之身犹豫，他决定再上天庭。

鲧这次是为偷宝而来，他不敢让别人看见，但不知宝库在哪里，只有在天庭到处乱找。正在他毫无头绪的时候，无意中看到宝库掌库官正准备回去,他心中一喜,小心翼翼地跟着掌库官,一路登上高山,穿过瀑布,走上一条金光石道。掌库官走得很快,鲧差点就跟丢了。

走着走着,掌库官忽然一转弯不见了。鲧连忙跟上去,却走进了一片黑暗之中。鲧在黑暗中摸索着前进,不知道过了多久,发现眼前开始有亮光了。接着,鲧眼花缭乱起来,他终于找到了金光闪闪的宝库。四周的奇珍异宝并不能迷惑鲧的心智,他知道自己此行的目的是什么,连忙开始埋头寻找息壤。

终于,在一个角落的小盒子里,鲧找到了息壤。从外表上看，息壤跟普通土壤一样，并没有什么奇异之处。鲧刚拿起息壤，四周又成了漆黑一片。鲧顺着仅有的一条路走出黑暗，回到了人间。鲧拿着息壤马不停蹄地赶往水患最严重的地段。在大家的注视下，他撒了一点息壤在堤坝旁边。神奇的事情发生了，息壤一进入土地，便开始生长，不一会儿一座山便出现在众人面前，洪水在山那边拍打着。众人欢呼起来，鲧连忙将剩下的息壤分给下属，让他们送往各地治水。尧也接到了鲧的急报，九年了，鲧终于可以松口气了。

洪水在息壤面前毫无破坏力，渐渐地消退下去。百姓们开始建造房屋，开垦耕地。

天帝却在此时得到鲧盗取息壤的消息，他勃然大怒。一时间，天昏地暗，电闪雷鸣。火神祝融接到命令："把息壤收回来。杀了鲧，把他的尸体放在羽山山顶上，不准埋葬。"

祝融很快便完成了任务。洪水再次在人间泛滥起来，房屋耕地都被淹没了。

鲧被杀之后，尸身任凭风吹雨打，历经三年都没有腐烂。天帝不悦，又命祝融拿"吴刀"去剖开鲧的肚子。就在祝融剖开鲧肚子的瞬间，一条龙从鲧的肚子中飞出来，这条龙就是大禹。大禹长大后，接过父亲鲧未完成的使命继续为百姓治水。

大禹治水

远古时候,洪水泛滥,大地上汪洋一片。人们居无定所,四处躲避水患。大禹受天帝之命,带着助手应龙,到人间治理洪水。水神共工听说以后,非常恼火,心想:当初人类惹怒了天帝,我是受命来惩罚他们,才降下大水的。如今我还没降个痛快,却不知从哪里冒出这么个家伙,想要坏我的好事。一定要让他尝尝我的厉害!"于是共工大施神力,再次掀起洪峰,几乎淹没了整个中原大地。

大禹看到共工如此胡作非为,很是气愤。他召集天下群神,在会稽山下集合,决心与共工一决高下。众神都已准备就绪，只有防风氏姗姗来迟。大禹因他不守号令，当即将他处死。众神看到大禹如此威严果决，便都俯首听命。一个小小的共工哪里是这些天神的对手？交战没几个回合，他便被打得丢盔弃甲，落荒而逃，再也不敢跑出来兴风作浪了。

大禹总结了父亲鲧治水的经验和教训，仔细分析了中原大地的山形地势，最后决定运用堵塞与疏导相结合的方法，领导人们抵御洪水，重建家园。

大禹找来一种奇异的神土息壤。只要取一点放在地上，息壤就会不断生长，堆积成山。大禹让一只大龟把息壤驮在背上，跟随着他。大禹一路上便用这些息壤来填平深渊，并将人类居住的地方逐一加高。大禹又命应龙在前面开路，用尾巴划地，让人们在应龙尾巴划过的地方挖掘河道，把洪水引向江流湖海。

大禹因为终日治水，脱不开身，离家十三年，一次都没有回去过。其中，他有三次路过家门口都没有进去。经过了无数艰难困苦，大禹终于治好了洪水。其间，他开掘了三百条大河、三千条支流、不计其数的小沟渠。广袤的中原大地上又焕发出了勃勃的生机，人们又恢复了以往安宁与幸福的生活。

望帝化鸟

远古时代,位于四川一带的蜀国有个国君。他叫杜宇,号望帝,是个受人尊敬、贤明的好国君。

他非常关心百姓的生活,时常和人们一道开荒种田,植桑养蚕。蜀国的百姓在望帝的带领下过着安居乐业、衣食无忧的生活。

可有一年,蜀国突然闹起了水灾,洪水来势凶猛,吞没了大片大片的良田房屋。望帝心急如焚,叫来大臣,和他们商量了很久,却没有一个好办法可以实施,于是他终日夜不能寐。

有一天,一个卫兵前来报告说:"刚才江面上逆流漂来一具男尸,我们都觉得奇怪,就把他捞了上来。更怪的是,他一挨上地面,居然就活过来了。"

望帝听了,很是好奇:"快传他上殿,我要亲自见见这个奇人。"不一会儿,那名男子便来到殿上,对望帝深施一礼,说:"小人叫鳖灵,是楚国人。前几天在家乡不小心掉到江里,漂到此地,幸好有您的手下及时相救,请受小人一拜。"

"快快请起。"望帝见鳖灵仪表堂堂,知书达理,对他很有好感。后来,二人便不知不觉聊起蜀国发水的事来。鳖灵听后,对望帝说:"我从小就深习水性,如果您信得过的话,就把治水的差使交给我好了。我一定不会让您失望!"望帝高兴极了,便当即封鳖灵为宰相,负责治水。

鳖灵领了圣旨,带人勘察了蜀国的水情,发现是巫山挡住了水流,才导致洪水泛滥的。于是他命人勘察地形，制订了开凿巫山的方案。起初，有些大臣反对鳖灵的这种做法，认为巫山是不能轻易开凿的，最后只会劳民伤财。可望帝相信鳖灵有这样的能力，于是下令支持他这个做法。在望帝的鼓励下，鳖灵终于凿通了巫山，打通了水渠，解决了水患，让蜀国的百姓又重新过起了康乐富足的生活。

望帝是个礼贤下士、十分谦逊的人，他见鳖灵立下大功，帮蜀国渡过了危难，便决定报答鳖灵，让鳖灵发挥才干为百姓造福。于是他决定将帝位让给鳖灵，独自隐居到西山去了。

鳖灵做了国君后，自称"丛帝"。因为这个王位是望帝因为他的才干礼让给他的，他居功自傲，听不得别人的半点意见，一天比一天独断专行，将臣民的意见当耳旁风，过着骄纵奢靡的日子。

他认为既然自己做王,就应该有王的样子,于是他大兴土木,大肆选妃,还将望帝的妻子据为己有,黎民百姓叫苦不迭。

这些消息传到隐居的望帝的耳朵里,他痛心极了,可现在,他又能有什么办法呢?于是他整日后悔,整日悲叹,不久便离开人世了。

望帝死后,他的灵魂化作一只杜鹃,日夜悲啼,直叫得口角流血。后来,人们每当听到杜鹃的叫声,便会想到含恨而死的望帝,不免十分伤感。

哪吒闹海

从前有位大将军，叫作李靖。他的夫人生下了一个圆圆的肉球，在地上滚来滚去。李靖说："这一定是个妖怪。"他抽出宝剑朝着肉球一劈，肉球裂开，从里面跳出来一个男娃娃。

李靖看呆了，正不知道怎么办时，一位神仙突然出现。这位神仙说："恭喜，恭喜！我知道你添了个男娃娃，让我收他当徒弟吧。"说着，他拿出一个镯子、一条红绫，交给李靖说："这是我送给徒弟的礼物，这镯子叫作乾坤圈，这红绫叫作混天绫。"

后来这神仙就开始教娃娃练本领，这娃娃就是哪吒。哪吒七岁那年的一天，到大海里去洗澡。他拿着混天绫在水里一晃，就掀起大浪，大浪把东海龙王的水晶宫震得东摇西晃的。龙王吓了一跳，就派了一个夜叉上去看看到底是怎么回事。

夜叉钻出水面一看,原来是个娃娃在洗澡。夜叉举起斧子就砍,哪吒连忙把身子一闪,取下乾坤圈,向夜叉扔去,乾坤圈正好打中夜叉的脑袋,把他打死了。

龙王听说夜叉被打死了,气得一个劲地吹胡子,连忙叫他的儿子三太子带上虾兵蟹将去捉哪吒。

三太子冲出水面,对哪吒说:"你打死我家夜叉,该当何罪?"

哪吒说:"我在洗澡,你家夜叉话也不问一句,就拿斧头劈我,我用乾坤圈碰了他一下,他就死了。"

三太子听后举起枪就刺,哪吒让了他几次,可是三太子就是不放过他。哪吒就把混天绫一扔,这混天绫马上喷出一团团火焰,把三太子紧紧裹住。哪吒又拿出乾坤圈一打,把三太子也打死了。

三太子一死,就现出了原形,原来是条龙。哪吒把他拖到岸上,心想:爸爸缺一根腰带,我把小龙的龙筋抽出来,搓一根腰带送给爸爸不是正好吗?于是,他把小龙的筋抽了出来,带回家去。

龙王听说自己的儿子也被哪吒打死了,气坏

了。他立刻去找李靖算账。他气冲冲地对李靖说:"你儿子打死了我家夜叉,又打死我的三太子,你说怎么办?"

李靖说:"你弄错了吧,哪吒才七岁,能打死人?"

龙王说:"你不信,就把他找回来问一问。"

李靖找到哪吒时,哪吒正在一间小屋子里搓龙筋。

李靖知道哪吒闯了大祸,连忙带他去见龙王。

哪吒见到龙王就说:"老伯伯,您别生气!我不是故意打死三太子的。他用枪刺我,我让了好几次,最后没法儿,才把他打死的。您瞧,这是他身上的龙筋,还给您就是了。"

龙王一见龙筋,伤心得哇哇大哭起来。

二郎捉太阳

很久很久以前,天上有七个太阳。这个太阳刚落山,那个太阳就出来了,它们没日没夜地照着大地,很多人都被晒死了。

有个叫二郎的小伙一心想要征服太阳,给人间带来安乐。于是,二郎就出门去捉太阳。他追呀追,好不容易才捉住了一个太阳。

可是,当他再捉第二个太阳的时候,第一个就跑掉了;捉住第三个,第二个又没影儿了,总也捉不完。

二郎最后想出了一个好办法。他用扁担挑起一座大山,然后去捉太阳,每捉住一个太阳,就把它压在山下。终于六个太阳都给他压住了。

这时,二郎累极了,连自己也搞不清到底捉住几个太阳。所以,他还是一股劲地追。

走着走着,二郎忽然看见一个太阳从东边出来了。他左脚一跺,右手拿起扁担往地上一敲,大声喊道:"往哪儿跑!"这一喊,把这个太阳也吓

得缩回去了。天上一个太阳也没有了,人间变得一片漆黑。二郎正急得要命,一群老百姓找到了第七个太阳。他们告诉二郎,这个太阳正躲在水菜叶下哭呢。它说,它怕自个儿也像六个哥哥那样,被压在山底下,所以怎么也不敢出来。

二郎听了,对太阳说:"你以后得听老百姓的话,不许偷懒,也不许使性子。每天早上,你得准时从东边出来,晚上再从西边回去!"太阳连忙答应了。从此,世界上就只有一个太阳啦。

沉香救母
chén xiāng jiù mǔ

汉代有个书生叫刘彦昌，他在华山游玩时，看到山神三圣母美丽的塑像，不由得对她心生爱恋。刘彦昌用笔在墙上写了一首诗，表达了对三圣母的爱慕之情。

当三圣母看到这一切时，深深地被这个英俊书生所吸引。于是，三圣母冒着触犯天

条的危险,化为一个民间女子,和刘彦昌相识并结为夫妻。刘彦昌在进京赶考前,三圣母已有孕在身,临别之时,刘彦昌嘱咐说日后生子取"沉香"为名。

刘彦昌走后,二郎神知道了妹妹三圣母的事。二郎神勃然大怒,要捉她上天受罚。三圣母毫不畏惧,她有一件女娲赠的宝物——宝莲灯,无论妖魔还是神仙,都会被它震慑降服的。二郎神让他的哮天犬趁三圣母不备偷走了宝莲灯,三圣母被二郎神关在华山下的黑云洞中。三圣母在洞中生下了儿子沉香,为防不测,她偷偷让人将沉香送到刘彦昌身边。

沉香长大了,知道母亲被压在华山下受苦,就一心想救出母亲。在他八岁那年,一位大仙被他的孝心所感动,收他为徒。在大仙的指点下,沉香学会了六韬三略和百般武艺。沉香到了十六岁,向师父辞行,要去华山救母。大仙赠给他一柄萱花开山神斧。

沉香来到华山,向二郎神求情。谁知二郎神心肠如铁,不但不肯放出三圣母,反而舞起三尖两刃刀,要向沉香

下手。沉香怒不可遏,便抡起神斧,与他打起来。两人刀来斧往,从天上杀到地上,再从人间杀回天宫,直杀得山摇地动,天昏地暗。

这件事惊动了玉皇大帝,派了四位大仙去看个究竟。四位神仙觉得二郎神身为舅舅,如此凶狠地对待亲外甥,太无情无义了,于是暗中助了沉香一臂之力。沉香越斗越勇,二郎神再也招架不住,只得落荒而逃,宝莲灯也落入了沉香之手。

沉香立即飞回华山,举起萱花开山神斧,奋力猛劈。只听得"轰隆隆"一声巨响,地动山摇,华山裂开了,三圣母得救了。从此,三圣母、刘彦昌和他们的儿子沉香全家团圆,幸福快乐地生活在一起。

魏徵斩龙

唐朝贞观年间,长安城外的泾河岸边,有个渔户叫张稍。他每天在泾河边打鱼,然后拿到城里卖钱。一天,张稍在路上碰见了砍柴为生的朋友李定。李定问他:"张稍哥,这几日生意怎么样?"

张稍回答:"这几天生意很好。长安城里西门街上有个算卦的先生,我每天送他一条鲤鱼,他就替我卜卦,告诉我哪里能打着鱼,非常灵验。今天我又请他卜卦,他让我在泾河湾头的东边下网,下边垂钓,定能满载而归。这不,我现在正要去打鱼呢。"

谁知,他们的谈话正好被泾河水府的一个巡河夜叉听到了。巡河夜叉连忙回到水晶宫,把这些话告诉了泾河龙王。龙王一听大怒:"哪里来的妖道,竟敢如此无礼!照这样下去,泾河里的鱼虾岂不要被打光了吗?"说着,他就要拿着宝剑,去长安城找那个算卦先生算账。

这时,龙王的一个水臣奏道:"大王此去,必然会兴师动众,惊动百姓,这样会得罪上界。大王不如变身成一个秀士,去那里访问真假,然后再算账不迟。"

龙王听从了建议,于是变身成一个秀士,来到长安城西门街,找到了那个算命先生。只见卦摊前竖着一面招牌,上面写着"神卦先生袁守诚"。秀士见了,冷笑一声,来到卦摊前。

袁守诚见来了主顾,连忙起身问:"不知先生想算什么?"

秀士冷笑一声,说:"我不算前程,不问祸福,只想让你卜一卜明天的天气。"

袁守诚觉得奇怪,但没有多问什么,马上算了一卦,说道:"云迷山顶,雾罩林消。若占雨降,准在明朝。"

秀士问道:"明天什么时间下雨,雨量有多大?"

袁守诚说:"明天辰时起云,巳时打雷,午时下雨,未时雨足,雨量三尺三寸零四十八点。"

秀士听了哈哈大笑,傲慢地说:"好,那我就跟你打个赌。如果明天有雨,时辰和雨量都对得上的话,我送你黄金五十两;如果明天没有雨,或者时辰和雨量对不上的话,我定要砸了你的摊子,把你赶出长安,从此不许你再在这里妖言惑众!"

袁守诚欣然答应了下来。秀士见他答应了,就得意地走了。

龙王回到宫里,跟水臣谈论今天的事。这时,只听得半空中传来"泾河龙王接旨"。龙王一看,只见一个金衣力士手捧玉旨来到。龙王赶紧接旨,只见玉帝有旨:"明天辰时起云,巳时打雷,午时下雨,未时雨足,雨量三尺三寸零四十八点。不得有误。"竟然与那个算命先生说的分毫不差,龙王很吃惊,对水臣说:"想不到世上竟有如此神灵的人,哼,我可是泾河龙王,怎么会输给这个算命的呢!我明天偏偏要更改下雨的时间和雨量,看他到时候怎么应对!"

第二天,龙王私自决定巳时布云,午时发雷,未时下雨,申时雨止,雨量只有三尺零四十点。龙王又变成白衣秀士,来到袁守诚的卦摊前,一把把招牌扯碎,骂道:"你这个妖道,算卦一点都不灵,今日下雨的时辰和雨量都和你说的对不上。我要砸了你的摊子,你快快给我滚出长安!"

谁知，袁守诚一点也不害怕，他仰天大笑："你以为我不认识你，你就是泾河龙王，玉帝让你降雨，你却私自改了时辰和雨量，已经犯了天条，死罪难逃，还敢在这里骂我！你的死期不远了！"

龙王听说后，吓得心惊胆战，连忙跪下求饶："先生不要怪，我逞一时意气与你打赌，不觉犯了天条，望先生救我一命！"

袁守诚摇了摇头，说："你自己违抗玉旨，犯下了死罪，我哪有能耐救你。"

泾河龙王跪在地上，痛哭不止，再三求饶。袁守诚见他可怜，改口说："好吧，我给你指一条活路。明天午时三刻，处斩你的人是魏徵。魏徵是太宗皇帝的大臣，你去向太宗皇帝求情，也许他可以救你一命。"泾河龙王听了，含泪拜谢而去。

当天晚上三更时分，龙王来到皇宫里。太宗皇帝在梦里，忽然看见泾河龙王跪倒在前，大声叫道："陛下救命！我乃泾河老龙，犯了天条，明日由魏徵处斩，望陛下救我！"唐太宗动了怜悯之心，说："既然是魏徵处斩，朕可以救你。"龙王听了，叩谢而去。

唐太宗梦醒后，对这件事念念不忘。早晨上朝，文武大臣们都到齐了，唯独魏徵没有来。退朝后，唐太宗命人宣魏徵觐见。魏徵这天本来要上朝，却接到一道玉旨，命他午时三刻，梦中斩龙，所以今天没有去上朝。这时忽然听说太宗宣见，只得进宫。

唐太宗让魏徵进入后殿，陪他一起下棋。下到午时三刻，魏徵不觉趴在棋

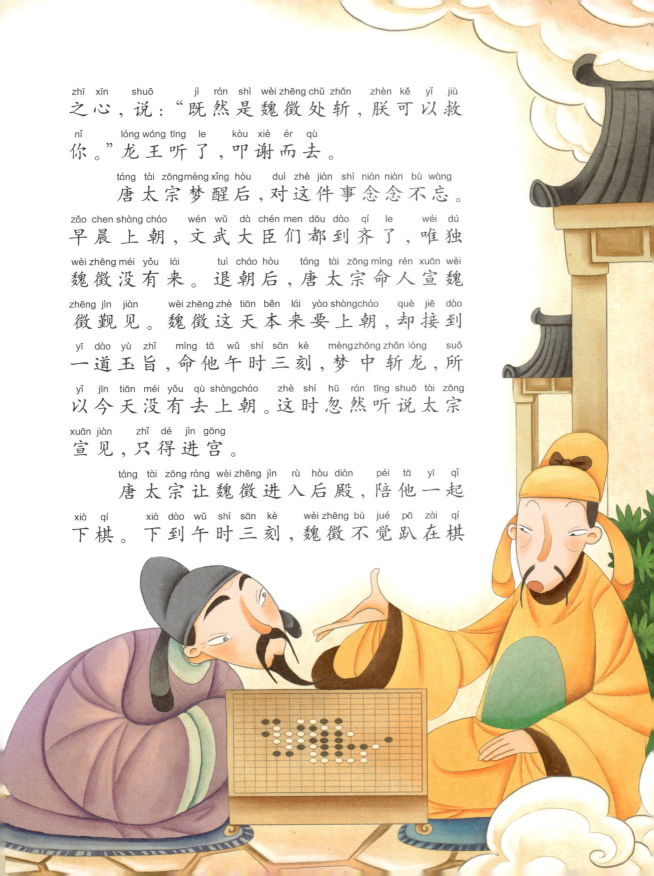

盘上睡着了。唐太宗见魏徵每天为国事操劳，这么辛苦，就不忍心叫醒他。没过多久，魏徵醒来了，连忙向唐太宗谢罪。

正在这时，只听得殿外有人大声叫喊，只见大将军秦叔宝和尉迟敬德手里捧着一个血淋淋的龙头，奏道："刚才在长安城的一个十字街头，从空中掉下一颗龙头。"

唐太宗见了，非常吃惊。这时，魏徵奏道："陛下，这龙头是我刚才在梦里斩下的。"

唐太宗大惊，问道："你刚才睡着了一小会儿，又不见你动手，如何斩了这龙头？"

于是魏徵将事情的前因后果说了出来，大家听了，都觉得这件事很神奇。

月老的传说

在众神仙中有这么一位特殊的神仙,专门管人间的姻缘,被人们亲切地称为"月下老人"。只要他认定谁和谁应该成为夫妻,就会用细细的红线将两人的泥像死死地绑在一起。据说,人们第一次知道月下老人这位神仙的存在,是在繁荣昌盛的唐朝。

唐太宗贞观年间,有一位名叫韦固的人,他的童年十分不幸,父母很早

便不幸离世，他一个人孤零零地长大。韦固到了该成家的年纪，他想早早找个媳妇好好过日子，以弥补少时缺失的温暖，于是他多处求婚，可是都没有成功。

一天，他来到了宋城，找了一家客栈住下来。同宿的客人知道他求妻心切，于是介绍他与前任清河司马潘防的小姐议婚，说好第二天早晨在店西边的龙兴寺门前与对方见面。韦固心中十分欢喜，按捺不住，天只蒙蒙亮时，就急匆匆地向约定好的地方跑去。

月儿还没有落下，清澈的月光均匀地泼洒在大地上。韦固在半路上碰到了一位老人，正倚着袋子悠闲地坐在台阶上，借着月光检视文书。韦固十分好奇，便上前想瞧瞧怎么回事。可是他走到老人面前瞧那文书时，居然一个字也不识。韦固十分诧异，便询问说："老伯，您怎么在这儿看书啊？您手上拿的又是什么书？这书我怎么一个字也不认识呢？"

只见那老人一边摸着自己那花白的长胡子，一边哈哈大笑地回答说："小伙子啊，这可不是一般的书，在人间你是找不到的，又怎么看得懂呢？"

韦固是个打破砂锅问到底的人，他接着老人的话说："既然它不是人间的书，那它是什么书呢？"

老人摇摇手中的书，说："这可不是你口中的什么诗书，而是天下人的婚姻簿子。你们的婚姻大事都记载在上面呢！"

韦固听了，掩饰不住内心的喜悦，他拉着老人的袖子说："我叫韦固，从小就没了父母，一直以来都是孤零零的一个人。现在到了结婚年龄，一直想找个媳妇，成立一个幸福和美的家庭。奈何这十来年中多处求婚，居然没有一次成功。好不容易今天有人约我来商议向潘司马的小姐求婚，您帮忙看看，她是不是我命中注定之人？"

老人细细翻了一下手中的书，意味深长地回答说："年轻人，这事急不得，现在你的姻缘还没到。你命中注定的妻子才刚刚三岁而已，要到了十七岁才可以进你的家门。你还是耐心等着吧。"

韦固听后，满脸的失望之色，又不好指责老人家，于是顺口问了一句："老伯您的袋子鼓鼓的，里面装的是什么东西？"

老人回答说："一些红绳子，当我决定谁和谁将成为夫妻的时候，便会找准时机，将红绳悄悄地系在他们的脚上。那么，即使他们一生出来就是仇敌之家，或者家庭条件悬殊，或者一方跑到天涯海角当差，分散在吴地楚国不同地区，不管什么情况，只要系上这根小小的红绳，任他是谁，也逃不脱。你看你的脚，已经系上了你那位的脚了，如今再去追求别的人会有什么结果呢？我看你还是早早回去歇息吧。"

韦固觉得这事十分新奇，于是又问："那么我命中的那位妻子现在在哪里呢？她家里又是做什么的呢？"

那老头仔细想了想，说："那我就告诉你吧，你命中注定的那个妻子就是卖菜陈婆

子的女儿。那陈婆子曾经抱她到这儿来卖菜,也不知道今天来了没有。这样吧,你先跟我走,如果她在的话,我就指给你看。"

于是,两人在陈婆子平时卖菜的地方坐下来等着。等了没多久,只见有个瞎了一只眼的婆子,一手挎着菜篮,一手抱着一个大约三岁的小女孩,慢慢走了过来。那小女孩身上穿着一件破烂不堪的衣裳,脸上黑不溜秋的,模样十分难看。

老人伸手指给他看说:"看见了吗?那老婆子怀中的小孩就是你未来的夫人。"

韦固听了,又转头看看那个小女孩,只觉得越看越觉得丑陋,心中不由得大怒,嘴上恨恨地说道:"怎么会是这样一个人?真令我大失所望。"

老人摇了摇头,一本正经地说:"你不要看她现在是这副样子就嫌弃她。你要知道既然她是你命中注定之人,对你定是有着很大帮助的,以后你能封县郡,享爵禄,可都靠她了。你要好好珍惜。"说完,老人就消失不见了。

韦固听了那老头子的话后,呆在原地想了很久,觉得既然已经命中注定,再怎么折腾也没用,不如安安生生回家算了。

就这样,十四年的时间眨眼就过去了。朝廷念韦固的父亲生前有功,忽然任命韦固为相州参军。刺史王泰见韦固十分有才干,准备将自己的女儿嫁给他。那小姐年龄约十六七岁,容貌十分靓丽,韦固自然是满心欢喜。

婚后,夫人告诉韦固说:"其实我不是刺史的亲生女儿,我是他的侄女。我还在襁褓中时,母亲、哥哥相继死了。所幸我们家在宋城南有一处庄田,便和奶妈陈氏两人住在那儿,相依为命。那庄田离旅店近,奶妈每天抱着我卖菜养家。七八年前,叔叔恰好到附近做官,我才有机会和他相认,然后跟他来这里,如今他又将我当作亲生女儿嫁给了您。"

韦固听了,想到当年的事,连忙问道:"你的奶妈是不是姓陈,是不是有一只眼睛瞎了?"

夫人觉得十分纳闷,说:"对啊。你见过她吗?"

韦固便把当年发生的事告诉了夫人。夫人听了,唏嘘不已,觉得这都是前生注定的,有缘人才能终成眷属。

韦固的故事流传开后,人们都知道了世上有位掌管人间婚姻的神仙。虽然大家想要将他找出来,但是不知他姓甚名谁,无从找起,只好为他取了个"月下老人"的名号,简称"月老"。

牡丹仙子

武则天当皇帝后,一年冬天,她带着宫女到上苑饮酒赏雪。大雪刚停,御花园里银装素裹,玉树琼枝,显得格外漂亮。这时,武则天发现在皑皑白雪里,有几簇盛开的红梅。武则天到跟前一看,非常高兴。但是她又想:如果能让这里百花齐开,

岂不是更加好看？

于是，武则天命宫女拿来纸墨，写下了一首诗：明朝游上苑，火速报春知。花须连夜发，莫待晓风吹。

这实际上是一道圣旨，写罢，她叫宫女在花园里焚烧，报花神知晓。花仙子们收到这道圣旨后，都吓坏了，大家赶快聚在一起，商量对策。

桃花仙子胆子最小，她战战兢兢地说："武则天心狠手辣，咱们都遵旨开放吧！"

众花仙子也怯生生地附和着说："是呀！咱们还是遵从旨意，提前开放吧！"

只有牡丹仙子不同意她们的意见，她气愤地说："武则天也太霸道了。她管人间的事是理所应当，如今竟管起我们来了。这百花开放，各有节令，现在正是冬天，怎么能说开就开呢？姐妹们，咱们不能遵从！"

众花仙听牡丹仙子这么一说,都觉得在理,可一想到武则天的残暴,又都犹豫起来了。桃花仙子哀求牡丹仙子说:"好姐姐,你听我的话,咱们还是顺从了吧。"不少花仙也说:"姐姐,就开这一次吧,不然会大祸临头的。"

牡丹仙子倔强地说:"不行,我不能提前开放,看她能把我怎么样?"众花仙见说服不了牡丹仙子,只好匆匆散去,各自准备开花去了。

第二天,武则天来到上苑一看,只见满园的桃花、李花、玉兰、海棠、芙蓉、丁香等全部盛开了。寒冬腊月,百花盛开,真是奇观。武则天非常得意,她来到花丛中,见只有牡丹花树光秃秃的,没有开放。武则天大怒,破口骂道:"大胆牡丹!竟敢抗旨不开。放火焚烧,一株不留!"

侍卫们马上点柴引火,扔进牡丹丛中。只见烈焰熊熊,烧得牡丹噼啪乱响。牡丹仙子看着一片牡丹被烧毁,禁不住泪水涟涟,悲愤万分。

武则天怒气未消,恶狠狠地说:"把烧毁的牡丹连根拔除,贬出长安,扔到洛阳邙山,叫它断子绝孙!"

侍卫们又马上挥起铁镢,把牡丹连根掘出,连夜装车送往洛阳,扔到了邙山岭上。谁知,牡丹一入新土,就又扎下了根。来年春天,争相盛开。洛阳人很喜欢牡丹,就家家种植。因为这种牡丹在烈火中威武不屈,人们赞她为"焦骨牡丹",也叫她"洛阳红"。

何仙姑的传说

何仙姑是"八仙"之一,她的原名叫何琼,出生于唐高宗开耀元年零陵的一户普通人家。何琼出生的那天,她家的茅草房上空笼罩着吉祥的紫色云彩,一群仙鹤来回起舞。没过多久,只见一个扎着朝天髻、穿着红肚兜的小女孩骑着一头美丽的梅花鹿奔入了何家。紧接着,一道响亮的啼哭声在屋内响起,一个白白胖胖的婴儿降生了,她就是何琼。

小时候,何琼经常在家附近的云母溪中玩耍嬉戏。被美丽的云母溪哺育大的何琼,十几岁时就变得亭亭玉立了。何琼十四岁时,有一天在河边玩耍时遇见了一位满面笑容、白发苍苍的老爷爷。那位老爷爷给了她一个水汪汪的大桃子,何琼几口就把桃子吃光了。看着何琼吃完了桃子,老爷爷笑着点了点头,然后消失不见了。何琼回到了家中,接下来的几天,她一点儿都不觉得饿,没有吃任何东西,但是精神却比以往还要好。

就这样奇怪地过了一个月后,她在溪边又一次遇见了那位老爷爷。这次老爷爷没有给她桃子,却把她带到了云母山上教她怎样采集云母,怎么服

食。何琼将信将疑，但还是一一照做了。每天她都会到山上去采摘云母，然后按照老爷爷的交代服食，渐渐地，她发现自己每天上山下山都像在飞一样，身体越来越轻灵了。而且，她还发现自己可以分辨山中哪些是仙草，哪些是灵药，采摘来为周围的老百姓治病。更神奇的是，她还能准确地预测未来，当地的百姓很感激她，都尊称她为"何仙姑"。

何仙姑每天穿梭在山里，采药治病，过得悠游自在。有一天，何仙姑在云母山深处采药时，遇见了两个着装奇怪、讲话也奇怪的人。其中一个人挂着一根铁拐杖，衣服破破烂烂的,像个乞丐一样,时不时还取下背上的酒壶喝几口;另一个衣着整洁,神情闲逸,背着一个药筐,拿着锄头。两人就在离何仙姑不远的地方一唱一和地说着话,没过多久,那奇怪的两人竟然腾空飞去,瞬间不见了踪影。何仙姑一直在留意他们,悄悄地记下了他们腾空时的口诀,她也学着念叨,竟然也架起了云彩,飞了起来。其实先前的两人便是八仙中的铁拐李和蓝采和。自那以后,何仙姑就常常悄悄地来到山的深处修炼,渐渐地,她的身法愈见成熟,常常能飞很远。

何仙姑的神奇本领传开了。武则天听闻后,立刻派人前往零陵,召请何仙姑前来国都洛阳论道。使者同何仙姑行至洛阳城外,大家在等船过江时,却不见了何仙姑的身影。众人一片惊慌,惊恐地四下寻找,却没能找到一点与何仙姑有关的痕迹。一群官员都失魂落魄地呆坐在河边,傍晚时分,何仙姑施施然从天而降,从容地对一众官员说:"你们回去吧,我已经面见过武后了。"说完,她就驾云飞走了。

大臣们急匆匆地回到宫中,才知道何仙姑不仅已经见过武后,而且还与武后在宫中畅谈了半天时间,大家都连连称奇。

为了回报何仙姑,武则天让人在零陵城南的凤凰台,建造了一座美轮美奂的会仙馆,让何仙姑住在里面修道。有一天,何仙姑在凤凰台上坐着,忽然看见铁拐李出现在云端,正挥动着手中的铁拐,召唤着她。何仙姑不知不觉地像一只美丽的彩凤缓缓升起,跟着铁拐李凌空而去。那一年,何仙姑二十六岁。

她凌空而去的时候,不小心掉落了一只绣花鞋,第二天,在绣花鞋掉落的地方出现了一口形状如同弓鞋的水井,人们发现井水不仅清澈香甜,还能治百病。后来,当地人就在这口井边修建了一座何仙姑庙,前来朝拜的人络绎不绝。成仙后的何仙姑仍然惦念着人间的疾苦,她时常给干旱的地方布雨,帮助有难的地方消除灾难。只要是正直善良的人们向她祈求帮助,她都会及时地赶到帮助大家。

八仙过海

古时候有八个神仙,他们分别是铁拐李、张果老、汉钟离、吕洞宾、蓝采和、何仙姑、韩湘子和曹国舅,每位神仙都有一件宝物。

有一天,他们参加完王母娘娘的生辰宴会之后,回途路过东海。只见茫茫东海,浩瀚无边,非常壮观。本来八仙都会腾云驾雾,他们很快就能渡过东海。但是吕洞宾提议说:"驾云过海算什么本事,不如咱们都拿出自己的本领来,施展自己的道法过海,你们看好不好?"众仙兴致很高,都说这个主意好。

铁拐李首先把自己的拐杖投进海里,他稳稳地站在上面,劈波斩浪地飞速前进。汉钟离也不示弱,只见他把芭蕉扇往海里一扔,袒胸露腹仰

躺在扇子上,向远处漂去。何仙姑将手中的荷花往水中一抛,顿时红光万道,仙姑伫立荷花之上,随波漂流。张果老把一个小纸驴投进海中,它立即变成

一头毛驴,张果老倒骑着毛驴,像走平地一样地行走在海面上。

接下来,吕洞宾拿出洞箫,蓝采和投下花篮,韩湘子投下笛子,曹国舅投下笏板,一个个都用自己的宝物过海。

东海上波浪翻滚,大家有说有笑,好不高兴。

不料,八仙的举动惊动了龙宫,东海龙王派龙太子带着虾兵蟹将出海察看,他们趁着八仙不备将蓝采和擒入龙宫。剩下的七仙大怒,一起杀入龙宫,虾兵蟹将抵挡不住,纷纷败下阵去,他们救出了蓝采和。但是东海龙王不肯罢休,他请来南海、北海、西海龙王,掀起狂涛巨浪,直奔八仙而来。

双方打得天昏地暗,日月无光,太上老君、观音菩萨也被惊动了,全都赶来调解。最后双方罢战,八仙渡过东海而去。

111

酒坛峰的传说

多年以前,在武夷山中的九曲溪畔,居住着一位擅长酿酒的农夫,名叫田父。田父以擅长酿酒而闻名乡里,他酿出的酒甜美甘醇,香飘十里。乡亲们喝了田父酿造的美酒,哪怕做再多的农活也不觉得劳累。远行的人喝了田父的酒,哪怕常年跋山涉水也依然精力充沛。

八仙在东海各显神通之后,一起云游四方。有一天,八仙中的铁拐李忽然闻到了武夷山上方迎面飘荡而来的酒香,情不自禁垂涎三尺,对其他七仙说道:"这酒可真是香气袭人,错过了实在可惜。老拐我已经按捺不住,这就循着酒香去也!"其余七仙一听,纷纷点头,决定一同前往。于是乔装一番,有的化身成了商贩,有的打扮成了修行者,一同循着酒香找到了九曲溪畔的田父家。

见八位客人上门来喝酒,田父热情招待他们,并盛出自家酿造的美酒。八仙品完酒后,交口称赞。他们尝过无数珍酿,却都比不上田父家的美酒,此酒真是天上人间之极品。从此以后,八仙就不再去其他的地方云游了,他们只想待在武夷山中。特别是铁拐李,好像找到知己似的,每天都拄着拐杖一崴一跛地来到田父家喝酒。来的次数多了,他

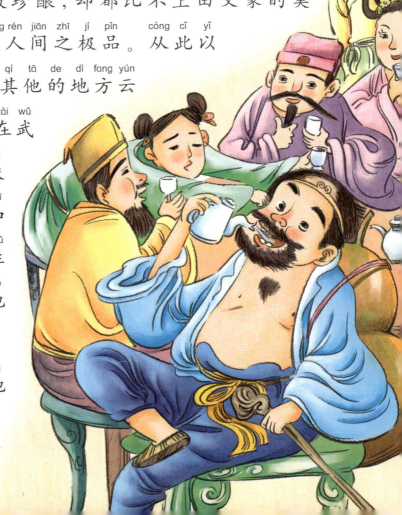

就和田父成了要好的朋友。

这天,铁拐李又拄着拐杖来到田父家买酒喝。

三杯酒下肚之后,铁拐李便满脸泛着红光,他摇着醉醺醺的身体,问田父道:"这酒真是琼浆玉液,你是如何酿造而成的?"

田父淡淡一笑,说道:"酿酒不难,只是酿酒的稻米、溪水和酒坛有些特别而已。"

"噢?那这稻米从何而来?"

田父将目光转向远处的丹山,说道:"是武夷山下良田里长出的稻米。"

"那水呢？"

田父又伸出手指了指自家门口的溪水，说道："九曲溪的溪水清冽、甘甜，我正是用它酿酒。"

"原来如此。那酒坛有何奥妙？"

"我的酒坛都是遇林窑炼制的瓷坛。"

铁拐李问完后，便兴奋地说道："我明白了，酿酒的三种原料都是选自这武夷山中的珍宝，怪不得你酿出来的酒这么香醇！"

铁拐李对田父酿造的美酒醉心不已，把即将要同七仙前往奔赴蟠桃宴会的事忘得一干二净！这都快到了要去瑶池参加蟠桃盛宴的时辰了，可七仙还未见铁拐李的身影，猜想他肯定又到田父家喝酒去了，便一同前往田父家中，一看果然如此，便赶紧拉着铁拐李一起赶往瑶池。

等他们来到天庭时，宴会早已开始了，只见桌上整整齐齐地摆放着从蟠桃园采摘来的仙桃，各路神仙面前都斟满了香醇的好酒。此时的瑶池，众仙聚集一堂，杯觥交错，热闹非凡。铁拐李刚刚坐下，便举起酒杯仰头喝起来。却不料这酒刚送入口中，却被铁拐李大声地一口吐到地上，所有的仙人都看得莫名其妙。

正在举杯交谈的王母也很诧异，于是询问八仙缘由。铁拐李说道："此酒没有田父酿的酒爽口！"

话刚说完，恰巧飘来一丝丝诱人酒香，飘散在空气中。瑶池中所有的仙人闻到此香，都齐声称赞。王母也情不自禁地咂咂舌，然后责怪起酿

酒大仙来："看来，你酿的酒还比不上凡间的一位农夫呀。"

听到王母的责备，酿酒大仙羞愧得满脸通红。

铁拐李对王母说道："请王母允许我同酿酒大仙一起前往武夷山买来佳酿，好请众仙们也品品佳酿，饱饱口福。"

王母听后马上喜笑颜开，并嘱咐两人速去速回。铁拐李携酿酒大仙飘然来到武夷山下，找到田父说明来意。田父听闻众仙要喝他酿的酒，受宠若惊，高兴地挥手说道："好，老夫送你们一坛酒罢了。"两人大喜,连声道谢后便告别了田父,抱着田父赠送的酒坛急忙赶回瑶池。

回去的途中,由于腿脚不便,铁拐李有些疲乏了,于是吩咐酿酒大仙道:"你先把酒送到瑶池,我随后即到。"他还再三嘱咐酿酒大仙一定要给他留几大碗酒。酿酒大仙答应了,便独自抱着酒坛先走了。王母见酿酒大仙怀中抱着从武夷山带回来的美酒,迫不及待地让人打开盖子,给诸位仙家品尝。众仙一尝,这酒果然无比甘洌。忙着给众仙斟酒的酿酒大仙把铁拐李叮嘱的话抛到了九霄云外,待铁拐李

到的时候,酒已经被分得没剩多少了。

累得够呛的铁拐李本想大喝几口美酒解解乏,怎料唯独自己酒碗空空如也。他不由得火冒三丈,举起手中的拐杖便打向酿酒大仙。酿酒大仙见状,慌忙闪躲,不料拐杖正中自己怀中的酒坛。于是,酒坛便从怀中跌落到了人间。被铁拐李打落的酒坛裂开了一条缝隙,恰巧跌落在了武夷山中的五曲南岸的山里。从酒坛的裂缝处突突地冒出来的酒又潺潺地流入九曲溪中。酒坛经过风雨的打磨和洗礼后,化成了一座横似石坛、立似擎天柱的奇峰。奇峰被世人取名为"天柱峰",而清楚天柱峰由来的人都称它为"酒坛峰"。

世人都说,当年跌落到武夷山的酒坛里的酒至今还在日夜不断地流入九曲溪,酒香萦绕在山中经久不散。用九曲溪的甘泉酿造的酒水,醇美甘冽,被人们称为"武夷流香"。

巫山神女

王母娘娘的第二十三个女儿叫瑶姬,她心地善良,美丽动人。王母娘娘把她视作掌上明珠。

可瑶姬厌倦了天上的生活,很想到下界去看看。

一天,瑶姬偷偷来到了人间,到了巫山这个地方,她看到人们大多住的是茅屋,吃的是糠菜,衣衫褴褛,生活十分艰难。瑶姬一打听,才知道原来这里来了十二条孽龙,兴风作浪,到处作恶,把老百姓们害得苦不堪言。

瑶姬想救百姓,就驾云找到那些孽龙,好言劝说它们回东海里去,不要再作恶害人。但那些孽龙不但不听劝说,反而比以前闹得更凶了。瑶

姬忍无可忍,她从头上拔下一支碧玉簪,朝着十二条孽龙一挥,一道闪光之后,立刻风停雨住,十二条孽龙全死了。

王母娘娘得知瑶姬私自下凡,非常气愤,但又听说她在下界受了不少苦,又很心疼。于是,她把二十二个女儿叫到跟前,说:"我很想念小女儿,你们快到人间走一遭,把你们的妹妹找回来!"

二十二个姐姐腾云驾雾来到巫山,找到了瑶姬。姐姐们说:"母亲很想念你,你快和我们一起

huí qù ba
回去吧！”

yáo jī shuō wǒ yě hěn xiǎng niàn tā dàn wǒ bù néng huí qù wǒ
瑶姬说：“我也很想念她，但我不能回去，我
yào liú xià lái zhào gù shòu kǔ de bǎi xìng yáo jī yī biān shuō yī biān zhǐ
要留下来照顾受苦的百姓。”瑶姬一边说，一边指
zhe yuǎn chù zhǐ jiàn shān pō shang yǒu hǔ bào zhèng zài zhuī rén yuè zhuī yuè
着远处。只见山坡上有虎豹正在追人，越追越
jìn kuài yào zhuī dào le yáo jī gǎn jǐn wān yāo zhuā qǐ ní shā sǎ guò qù
近，快要追到了。瑶姬赶紧弯腰抓起泥沙撒过去，
ní shā biàn chéng le jǐ shí zhī jiàn bǎ hǔ bào shè sǐ le kàn dào
泥沙变成了几十支箭，把虎豹射死了。看到
zhè yǒu jǐ gè jiě jie diǎn le diǎn tóu biàn bù zài quàn yáo jī huí
这，有几个姐姐点了点头，便不再劝瑶姬回
qù le
去了。

kàn dào jiě jie men zhè me tǐ liàng tā yáo jī
看到姐姐们这么体谅她，瑶姬
hěn gāo xìng zhèng yào quàn tā men huí qù hū rán kàn jiàn
很高兴，正要劝她们回去，忽然看见

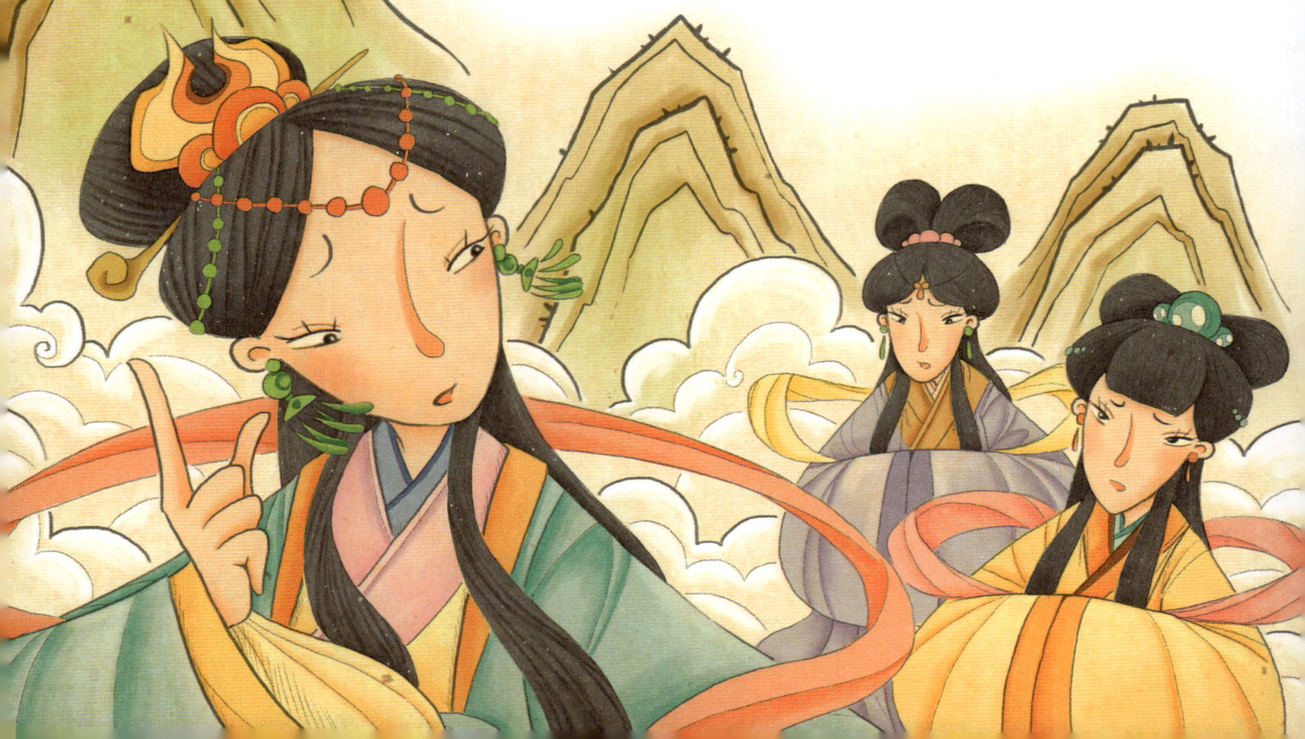

田里的禾苗一片枯黄，快要旱死了，以后百姓的日子怎么过呀？瑶姬想着想着，难过得哭了。她流下的眼泪，顿时变成了雨，下个不停，禾苗很快就变青了。

看到这里，姐姐们都纷纷议论起来，有的觉得应该留下来帮助百姓，也有的说不能离开母亲。瑶姬数了数，一边十一个，正好对半。她说："母亲年纪大了，需要照顾；百姓们太苦了，需要帮助。姐姐们就一半回天上照顾母亲，一半留在人间和我一起保护百姓吧！"

于是，姐妹们依依不舍地分手了。留下来的是翠屏、朝云、松峦、集仙、聚鹤、净坛、上升、起云、飞凤、圣泉、登龙和瑶姬自己。后来，这十二位神女化成了巫山的十二座山峰，守护着长江两岸的百姓。

龙 珠

从前,燕子岛上住着一个十五六岁的男孩。由于家里穷,男孩在船上给人家做伙浆仔。伙浆仔干活很勤快,还能吹一口动听的笛子,非常讨人喜欢。

这天早上,阳光明媚,伙浆仔和其他人一起出海打鱼。他们像往常一样撒网,但连撒好几网,却什么也没有捞到。主人见大家的脸一个个像苦瓜一样,就对伙浆仔说道:"小伙子,快给大伙吹笛子吧!让大家高兴高兴,说不定一会儿就会有大鱼来呢!"

伙浆仔应声走到船头,吹起了笛子,悠扬婉

转,十分动听,大家伙儿都沉浸在笛声中。一曲吹完,主人说:"伙计们,我们再撒一次网,看看有没有收获。"说完,就将网猛地扔下去,等了一会儿,再拉上来,只见一道耀眼的金色光亮刺得大家睁不开眼睛。大家走近一看,捞上来的是一条全身金灿灿的鱼,火红的花纹一直延伸到鱼的头顶,橘红色的嘴巴还在上下翕动,旁边还有两根长长的胡须。

大伙从没有见过这种鱼,都觉得很稀奇。主人说:"这是一条非常罕见的黄神鱼,有它的地方就预示着附近会有大的鱼群。伙计们,我

们有福了!"大伙儿听后,都非常高兴。主人转身对伙浆仔说:"你去把它炖了,给大家尝尝吧。吃完了,我们一定可以捕到更多的鱼。"

这下大家就更加开心了,都催着让伙浆仔快点炖鱼。伙浆仔把鱼拿到后舱,心想:这么漂亮的鱼,真是不忍心杀掉。他手里拿着明晃晃的刀,不想下手。那条鱼看见了刀,好像明白了什么似的,它眨了眨眼睛,看着伙浆仔。伙浆仔举起刀,正准备杀鱼,突然传来了一阵女子的哭声。伙浆仔觉得很奇怪,低头一看,吓了一大跳,原来哭声就是从鱼的嘴里传来的!伙浆仔说:"鱼啊鱼,我也不忍心杀你,可是我也没有办法啊！"

不料，那条鱼竟然也开口说道："求求你，放我回去吧！求求你……"

伙浆仔吓得扔掉了刀，说道："你……你会说人话？"

黄鱼点了点头，眼泪流了下来，眼神中充满了无助和哀求。

伙浆仔说："别怕，我放你回家吧。"

伙浆仔小心翼翼地捧着黄鱼，走到船尾把它放进海里。只见黄鱼摆了摆尾巴，消失在水中。

这时，他又听到说话声了："伙浆仔，你人真好。我不会忘记你的。再见！"

这次，伙浆仔看见了一位美丽的姑娘，她那双大大的眼睛还闪着光芒。伙浆仔吓了一跳，等他回过神来，水中的那位姑娘早已不见了。

原来，那条黄鱼就是东海龙王的三公主。因为在龙宫待的时间太久，又没有什么新鲜的东西可以玩的，所以她偷偷地溜了出来，化为一条黄鱼混在鱼群里面，和鱼类一起嬉戏。当她游到伙浆仔的渔船边时，被伙浆仔动听的笛声吸引，就停了下来，看是谁在吹笛子。可是没想到只顾听笛子，自己不幸被渔网网住了。

伙浆仔放走了黄鱼，大家对他有些不满。伙浆仔一个人坐在船头，奇怪的是，他竟然清清楚楚地看到了海底的世界：绿油油的海藻，厚厚的泥沙，还有各种小鱼小蟹。忽然，远处游来一大

群黄鱼,伙桨仔催促主人赶快下网。慢慢地,渔网拉上来了。大家惊呆了,只见到眼前金灿灿的一大片,渔网里有好多黄鱼在跳动着。大伙把黄鱼装满了渔船,笑得合不拢嘴。

从此以后,伙桨仔就出名了。大家都说伙桨仔有一双神眼,可以看到水里的东西,只要他说哪里有鱼,人们就会在那里捕到好多鱼。

可是,这事可惹怒了东海龙王,龙王叫来龟丞相商议怎么样应对。龟丞相在龙王的耳边悄悄地说了几句话。龙王摸了摸胡子,叹气道:"只好这样办了。"

这天,又是一个捕鱼的好日子。伙浆仔和大伙像往常一样出海。伙浆仔又吹起了笛子,依旧那么好听,他看见远处有一群鱼游过来,于是撒好网等待鱼群。可是,这一次,鱼群没有进入渔网中,而是迅速调转方向游走了。伙浆仔眼见鱼群想要溜走,赶快划船追了过去。

伙浆仔一直追到了海的远处。忽然,天空一改先前的平静,聚集了一大团乌云。接着又起了一阵风暴,伙浆仔被巨浪打进了海中。

不知道过了多久,伙浆仔终于醒了过来。他站起身来一看,只见眼前是一座金黄色的雄伟宫殿,不知道自己在哪里。

龟丞相站在一边笑嘻嘻地对他说:"恭喜啊,伙浆仔。"

伙浆仔一头雾水,问道:"恭喜什么?我这是在哪里?"

龟丞相就将龙王因为他救过三公主而将他招为驸马的事情告诉了伙浆仔。

伙浆仔听后慌忙说道:"我不过是一个打鱼的俗人,怎么敢叫公主屈身下嫁于我?"

"伙浆仔,龙王看得起你,才会叫你做驸马,你怎么还不明白?"龟丞相说道。

伙浆仔摇头说道:"不行,这太不可思议了。"说罢,他就要往回走。

龟丞相起身拦住了他的去路,厉声说道:"龙王有旨,你若不肯做驸马,那就还回神眼来!"说完,一群虾兵蟹将冲了上来,将伙浆仔捉住。然后又来了一只大乌贼,乌贼把墨汁喷进伙浆仔的眼睛里,伙浆仔晕了过去。

不知过了多长时间,伙浆仔醒来了,他睁开眼睛,却什么也看不到了。他知道自己失去了神眼,再也不能出海捕鱼了。一个凄凉的夜晚,伙浆仔独自走到了海边,听着海水击打礁石的声音,伙浆仔回想起以前,眼泪止不住地流下来。他拿出心爱的笛子，吹了起来。

凄惨的笛声传到龙宫，三公主被笛声惊醒，她往海边游过去，只见伙浆仔一个人坐在海风中。三公主见伙浆仔已经双目失明，心疼得哭了起来。伙浆仔对三公主说出了事情的原委。

三公主听完后放声大哭起来，她想了很久，对伙浆仔说："让我看一看你的眼睛。"

伙浆仔抬起头来，只见公主张开嘴，用力把一颗明亮的龙珠吐了出来。龙珠飞到伙浆仔的眼睛上，发出耀眼的光芒，只见黑色的墨汁被慢慢

地吸了过来,而那颗龙珠却一点一点地暗淡下去。公主失去了龙珠的庇护,体力不支,晕倒在海滩上,龙珠也掉了下来。

伙桨仔慢慢睁开眼,看见公主躺在了沙滩上,变得憔悴不堪。伙桨仔大声叫道:"公主,公主,你怎么了?"

公主微笑着说:"没事,你终于又可以看见我了。我用功过度,需要回去休养,再见了。我以后恐怕再也见不到你了。"

伙桨仔听完流出了眼泪，抱着公主说道："你为了救我，献出了最重要的龙珠，还治好了我的眼睛，我该怎样报答你啊。"

公主笑了笑，对他说："现在你的眼睛好了，我回去请求父王每天给你大量的鱼虾。"说完，公主就变成一条金色的龙潜入了海中。

东海龙王因为三公主的强烈要求，答应以后每天向伙桨仔提供很多鱼虾。从此，伙桨仔过上了幸福的日子。

天狗吃月

传说古时候,有一个名叫目连的公子,为人善良,生性好佛。但是目连的母亲却心术不正,专干坏事。

有一次,目连的母亲突然心血来潮,想出了一个恶主意:和尚念佛吃素,我要捉弄他们一下,让他们开荤吃狗肉。她让人做了很多狗肉馒头,送到寺院去施斋。

目连知道了这事,苦劝母亲不要这样做,但是母亲不听,目连便事先通知了寺院方丈。方丈准备了很多素馒头,藏在每个和尚的袖子里。目连的母亲来施斋,给每个和尚一个狗肉馒头。但

和尚在吃饭时,用袖子里的素馒头将狗肉馒头调换了一下,然后吃了下去。目连的母亲以为和尚们个个都吃了她的狗肉馒头,拍手大笑说:"今日和尚开荤啦!和尚吃狗肉馒头啦!"方丈双手合十,连声念道:"阿弥陀佛,罪过,罪过!"

这事传到玉帝的耳朵里,玉帝震怒,下令将目连的母亲打下十八层地狱,变成一只恶狗,永世不得超生。目连是个孝子,见母亲被打入地狱,他日夜修炼,后来成了地藏菩萨。他用锡杖打开地狱之门,目连的母亲仓皇逃了出来。变成恶狗

的目连之母十分痛恨玉帝,就窜到天庭去作乱。她去追赶太阳和月亮,想将它们吞吃了,让天上人间变成一片黑暗。

这只恶狗没日没夜地追呀追,她追到月亮,就将月亮一口吞下去;追到太阳,也将太阳一口吞下去。不过目连之母变成的恶狗,最怕锣鼓和爆竹,一听到锣鼓和爆竹的声音,就吓得把吞下的太阳、月亮赶快吐了出来。这样,太阳和月亮就又能重新照亮大地了。

从此以后,每逢出现日食或者月食时,老百姓就敲锣打鼓、燃放爆竹来赶跑天狗。

三戏海龙王

东海上有一座小岛,岛上有个叫鲁家村的村庄。很久以前,这里住有十几户种庄稼的鲁姓人。但是这里天气很干燥,经常不下雨。若龙王高兴了,他就赐给这里一点雨水,种田人才会因此得点好收成。有一年又闹旱灾,人们实在生活不下去了,于是一个个都逃到了外面,最后就只剩下了鲁大这一户人家。

鲁大夫妻俩有两个儿子。鲁大的老婆说道:"鲁大啊,山上连草根都枯了,树皮都晒软了,我们还是赶紧逃命去吧!"

"不行,我们不能离开这儿,我来想想办法。"鲁大说,"眼看就要下田播种了,可不能错过了啊。"

第二天一大早,鲁大就来到了龙王庙,他看见庙堂塌了一个屋角。高高端坐的海龙王全身上下布满了灰尘和蜘蛛网,供奉他的桌子也早已破败不堪,中间破了个大洞。鲁大走到龙王像跟前,行了个礼,说道:

"龙王啊，如今庙宇这般景象，真是凄凉。如果你今年能给我下几场雨，让我秋天有个好收成，我定会给你请一台大戏。你不稀罕乡亲们的猪啊羊的，那我就给你供上一颗人头，你看这样行不行？如果您答应的话，那我们就说好了，今天要下一场雨。"

鲁大话说完就回家准备春耕去了。这天在龙王庙里值班的是蟹精，他听到鲁大说的这番话后，赶紧跑到龙宫向龙王汇报。龙王捋了捋龙须思索了起来："鸡鸭鱼肉，飞禽走兽，这些我都吃

过，可这新鲜的人头，倒不曾尝过。况且这几年我的庙宇香火不旺，是时候为人们做点事了。"于是，他赶紧召来风婆、雷公和电母，还带了些虾兵蟹将前来鲁家村施阵布雨。

鲁大正在家中整理农具。临近中午，一声巨响，顿时大雨倾泻下来。那架势好似东海海啸，天河决口。雨过天晴后，鲁大便开始忙着耕耘播种。龙王为了确保能吃到新鲜的人头，也暗中加紧帮忙，虾兵蟹将们在龙王的调遣下，施肥的施肥，除虫的除虫，忙得不亦乐乎。这一年风调雨顺，禾苗长势喜人，到了收获的季节，一地金黄的稻谷像碎掉的金子铺满了大地。鲁大忙着收割庄稼，整天整天地翻晒着。龙王则坐在龙宫里悠闲地等着鲁大用人头给他上供。

一直等到大年三十，鲁大才拿着一把笤帚来到龙王庙里。龙王见他没有带来人头，心里满是疑惑。没想到鲁大作揖道："龙王爷,我们有言在先,我承诺给你一场大戏,一个新鲜的人头,今天我就来兑现诺言。现在先请龙王看戏,再吃人头不迟。"话一说完,鲁大便把笤帚一甩,庙内立即尘土飞扬。鲁大在庙内手舞足蹈,前翻后滚地闹了一番,弄得庙里乌烟瘴气。龙王正想动怒,可转念一想:算了,也许是他找不到戏班子,才自己来演练一番。还是静下心来等着吃人头吧!

鲁大舞完了他的笤帚,便丢开了,笑盈盈地来到供桌面前喊道:"现在就请龙王吃人头了!"

说完，便自个儿趴到了供桌下面，把头从供桌中间那个破洞里面伸了出来。龙王见桌上突然冒出颗人头，很是好奇，想吃得不得了，可是却不知道从何下嘴，四下一看，竟然连把刀子也没有，想想只能自己用手抓了。于是他伸出一双骨瘦如柴、指甲纤长的龙爪，向鲁大的头抓了过去。鲁大一见这场景，赶忙把头一缩，一个翻身，从桌子底下钻了出来，说道："龙王爷啊，如今你戏也看了，头也吃了，我的愿也就还了。现在我们俩可就互不相欠，还请来年多照顾照顾啊。"

话一说完，他便拿起笤帚，扬长而去。剩下龙王在那里怒目圆睁，龙须竖起，大怒道："好你个臭小子，竟敢在大王头上撒野，还想让我来年照顾，看我不让你颗粒无收，以解我心头之恨！"他马上就吩咐蟹精道："到明年的时候，鲁大家的田里只准生根，不准结果。"

第二年春天,鲁大改种了红薯,多亏了蟹精的帮忙,红薯长得有大腿那么粗。龙王听说鲁大又大获丰收,于是命令蟹精下次只准庄稼叶子粗壮,不准其开花结果。可是这年,鲁大家种了大白菜,蟹精把白菜个个养得像小谷箩一样。

龙王两次想报复鲁大都没有得逞,反而还给了他很多好处,气得暴跳如雷。

一旁的龟丞相赶紧出了个主意:"大王想要报仇其实不难,只需要派一个小小的虾将前去把鲁大捉来,便可以了事了。"

龙王喜上眉梢，觉得这个计策好，他忙把虾将叫来耳语着吩咐了一番，便打发他启程。

再说到鲁家村，这几年下来，已经是另一番景象了，外出逃荒的乡亲们陆陆续续回到了村子中。鲁大家里虽然谈不上富裕，但都能够过得去。虾将来到鲁大家门口时，鲁大夫妻俩正在厨房商量着什么。只听得鲁大说："……赶紧叫老大出门捉虾去，炸熟后能当一盘好菜吃。"鲁大的意思是让大儿子下海去捉虾，虾将听了不由得吓得后退了几步，心想："大事不妙，我这还没进门呢，他们就已经知道我来了,还提前做好了准备。"想到这里,他连忙逃回了龙宫,把事情的经过向龙王汇报了一番,说鲁大有未卜先知的本领,什么都能事先准备着,要不是自己偷听到他们的对话,恐怕早就成为他们的盘中餐了。

龙王听到这番话语,半信半疑。龟丞相耳语道:"大王不必为此事烦恼,在下陪同大王一同前去,就知道是真是假了。"

傍晚,龙王与龟丞相露出了水面,变成了普通人的模样,来到了鲁家村。龟丞相说:"大王,我们兵分两路,我往前门,你入后门,这样鲁大就跑不了了。"

这时候,鲁大刚从田里回来,把在水沟里捉到的一只乌龟甩给了在门前玩耍的孩子。他正准备进屋,一位乡亲远远地喊道:"鲁大啊,你家的大黄牛跑啦!"

原来鲁大拴在后门口的大黄牛挣断绳子逃脱了。鲁大一听,赶忙朝屋门口喊道:"老大啊,赶紧把乌龟交给弟弟,拿根绳子来跟我一起去后门那里套大黄牛去。"

前门的龟丞相一听,以为鲁大要把自己交给小孩子保管,还要去后门捉龙王,心想:不好,还是快点逃命为妙。后门的龙王听到龟丞相已被捉住交给了小孩,鲁大和大儿子拿着绳子要来捉自己,吓得顾不上龟丞相,没命地逃回龙宫去了。

从那以后,龙王不敢同鲁大作对了,鲁家村的收成也一年年好了起来。

牛郎织女

夏天的夜晚在院子里乘凉时，你看见银河两边的那两颗星星了吗？那两颗星星，一颗叫牵牛星，一颗叫织女星，这里讲的就是它们的故事。

从前，银河不在天上，而在地上。银河的一边住着一个仙女，她是王母娘娘的孙女儿，整天坐在织布机前织布，所以叫作织女。她

织的布飞到天空,就成了美丽的云霞。

银河的另一边住着一个小伙子,整天赶着一头老牛耕地。他种的谷子一片连一片,像黄灿灿的金子。

有一天,织女蹚过又浅又清的银河,和牛郎结了婚。他们一个种地,一个织布,虽然辛苦,可日子过得很快活。后来,他们生了两个孩子,一男一女,都长得非常可爱。男娃和女娃爱骑着老牛,跟爸爸下地去,爸爸忙着耕地,他们就自个儿在银河旁边玩;回到家里,等妈妈织完布,就靠在妈妈怀里听故事。

后来,王母娘娘知道了这件事,她非常生气,就派了一个天神,去把织女接回银河这边来,并把银河移到了天上,不许她再跟牛郎在一起。于是,一家人硬是被拆散了。

"妈妈,我要妈妈……"女娃哭得很伤心。

"妈妈快回来呀,快回来呀……"男娃也哭得很可怜。

牛郎抱起两个孩子,也大哭起来。

这时候,老牛忽然张开嘴说起话来:"牛郎,我快要死了,我死了以后,你把我的皮披在身上,就能飞到天上

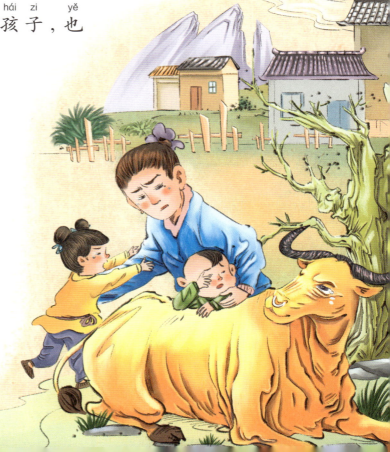

去见织女了。"

老牛说完话，慢慢闭上眼睛，死了。

第二天，牛郎把两个孩子放在两个箩筐里挑上，披上老牛的皮，就像驾着一阵风似的，呼呼地往天上飞，一直飞到银河边。啊，织女就在对岸站着，脸上挂着泪珠，眼睛都哭肿了。

"孩子，我的孩子——"

"妈妈，妈妈——"

牛郎抱起两个孩子，正想蹚河过去，忽然王母娘娘从天空

中伸出一只手来，拿起一支簪子，朝着银河一划。呼啦，呼啦，狂风卷起了大浪；哗啦，哗啦，大浪好像一匹匹发了疯的白马，朝着河岸边奔过来。过了好半天，风停了，浪也平了，可是本来浅浅的银河变得很深很深，谁也蹚不过去。

女娃举着手里的水瓢，叫了起来："爸爸，你拿水瓢把河水舀干，我们就能过河去，跟妈妈在一起了。"

男娃说："爸爸，我和妹妹跟你一起舀河水。"

牛郎接过水瓢，走到河边，弯下身子，舀起河水来，舀了一瓢又一瓢……男娃看见爸爸累了，接着舀几瓢，女娃看见哥哥累了，也接着舀几瓢……

王母娘娘没料到牛郎想把银河舀干，只好答应牛郎和织女每年见一次面。在农历七月初七这天晚上，王母娘娘叫来一大群喜鹊，它们在银河上架起一座桥，牛郎织女便能在鹊桥上相见。

龙王输棋

从前,乘山这个地方有个聪明的小男孩叫陈棋,他从小就喜欢下棋。他不管是到海边去打鱼,还是和小伙伴们一起到山上砍柴,总是随身带着一副棋,这样就可以和伙伴们杀上几盘。白天他和伙伴们一起下棋,晚上在梦中还钻研着下棋的方法。渐渐地,他的棋艺越来越高,附近村子里的人都赢不了他,人们送他一个"东海棋圣"的称号。

后来,他的名声传到了东海龙王敖广的耳朵里。敖广也是一个酷爱下棋的神仙,他曾得到棋仙南斗的真传,从未遇到敌手。当他听到一个小男孩竟敢自称"东海棋圣"时,心里很气愤,他觉得这是在向自己挑衅,简直是瞧不起堂堂东海龙王。他决定前去和小男孩较量一番,让小男孩输得无地自容,以泄心头之恨。于是,他变成一个渔夫的模样,来到乘山找陈棋较量。

听说有位老伯伯找自己下棋,陈棋高兴地答应了。刚开始,他们下得不分胜负。可是没过多久,陈棋就把龙王逼到了绝路。龙王急得额头冒出了豆大的汗珠,眼睛也好像不听使唤,手中的棋子在颤抖,不知道该如何落棋。

这时,陈棋站了起来,对龙王说:"老伯伯,您已经输了。"

龙王并不甘心,也站了起来,说:"不行,三局两胜,再来。"

"老伯伯,您的本领我已经领教了,不必再下了!"

龙王觉得这明显是瞧不起自己,顿时火从脚底一直冒到头顶:"小屁孩,你竟然这样放肆!你知道我是谁吗?我是堂堂东海龙王!"说罢,龙王摇身一变,变回本来的模样,只见他两根金色的龙须在空中挥舞,八角龙头让人不寒而栗。

但是陈棋还是那样镇定。他大笑一声:"哈哈哈,龙王,我只怕您输了,以后会让人笑话。"

"小小年纪,口气不小!你听着,我敖广如果输了,我愿意每年给你们送大量的鱼虾作为礼物。"

小陈棋听了,高兴不已:"龙王,你说话算话?"

龙王大笑道:"哈哈哈……我是龙王,当然说话算话。"

于是,龙王和陈棋再次对弈起来。龙王虽然表面信心十足,可是因为他急于打败陈棋,就猛烈地用炮进攻。相反,陈棋却依然沉着,没有几下的工夫,龙王的"车"就被吃掉了,损失了一个大将,龙王顿时乱了阵脚。接着龙王因为慌张又失去一枚重要棋子。陈棋不费什么工夫就赢了龙王。

龙王不服,于是又开了一局,这下子龙王改变了策略,他下得小心谨慎,稳中求胜。尽管龙王小心又小心,可还是被陈棋打得落花流水。龙王更加着急了,结果错放了一个棋子,眼看又要败下阵了,准备伸手拿起:"这棋不算,不算。"

在一旁的小孩子们见了,拍手叫喊道:"龙王说话不算话,龙王赖棋,龙王赖棋。耍赖变乌龟!"

龙王心想:要是我真的输掉,可是要每年白白给他们送鱼虾啊!不行,不行。思前想后,他决定去找师父帮忙。于是,龙王借口道:"陈棋,你等我一会儿,我有要事要办,一会儿就回来。"没有等到陈棋回答,龙王就驾云飞走了。

龙王驾着云彩,不一会的工夫就到了蓬莱岛,他说明了缘由,棋仙南斗答应和龙王一起去。陈棋见一个白胡子的仙人大腹便便地走下来,心中依旧很镇定。只见南斗从他鲜艳华丽的仙袍里抛出一个硕大的棋盘,棋盘是用仙界的奇花异木制造的。棋盘中的棋子是黄金白银制造而成,闪闪发着亮光,犹如天上的群星。

龙王请来了师父,心中自然有了把握,故意

大声地笑着说:"陈棋,你现在还敢和我比试吗?"

哪想到陈棋一点也不害怕,他笑了笑说:"龙王,不要太高兴了,看我的厉害。"

敖广因为有了棋仙南斗在一旁出主意,棋艺提高了不少。陈棋也不敢怠慢,每走一步都深思熟虑。时间慢慢地过去了,双方不分上下,棋局陷入了僵持阶段。就在胜负难分的时候,南斗故意悄悄地在龙王的耳边说着什么,只见龙王的眼睛转动着,目露凶光,还不时地点点头。这可吓坏了陈棋的伙伴们,他们不知道南斗葫芦里卖的什么药,心里为陈棋暗自着急。龙王连续走了三步好棋,他们更加担忧了。"陈棋,快快接招啊。"龙王又紧紧地催促道:"你还是服输吧!"

陈棋依旧面不改色,仿佛置身事外一样。思考了一番后,他缓缓地举起手,走了一个"卒",龙王一看这"卒"压根儿不起作用,得意地笑了笑。可是,谁也没有想到这是陈棋的计谋,经过一番厮杀,陈棋的一个"马"居然潜伏在敌人帅营旁边,趁龙王不注意吃掉了龙王的"象",接着又一个猝不及防出"车",将死了龙王的"将"。

龙王躲闪不过，只有乖乖投降。气急败坏的龙王两眼直冒金星，喘着粗气想要再杀一盘。

这时候，南斗迅速按住龙王，小声地说："这招式正是当年北斗赢我的那一招。前几天北斗告诉我，说他的棋盘里丢掉了一颗棋子，原来陈棋就是那一颗神棋啊。罢了，我们无能为力了！"

龙王听罢，目瞪口呆地看着陈棋："原来如此，看来我真的不是他的对手。"龙王认输了，可心里又十分懊恼，他气得掀翻了棋盘，和南斗化为一阵风离开了。

棋盘和棋子掉入海中，瞬间化成了海中一些零星的小岛，岛上长满了郁郁葱葱的树木，引来了大群的鸟类。龙王输了棋，只有兑现他的承诺，每年给乘山送上大量的鱼类。从此以后，乘山的人们有打不完的鱼，他们过上了幸福的生活。

蛙神

很久以前，江汉地区的人们非常崇拜蛙神，那里随处可见供奉蛙神的神庙。每个神庙里都有一个神巫，据说他们能与蛙神交流，知道蛙神的喜怒，于是他们专门向人们传达蛙神的旨意。如果他们说蛙神高兴，就代表将有喜事临近；相反，如果他们说蛙神发怒，就代表将有灾祸来临了。

有一个爱财如命的富商，叫周狄，是镇上远近闻名的吝啬鬼。有一天，镇上的乡亲们决定凑钱重修关帝庙。不论是穷人还是富人，都或多或少捐了银钱，唯独周狄一分钱都舍不得出。由于筹集的资金不够，建祠的工程迟迟不能完工。不久，祭祀蛙神的日子到了。神巫对大家说："蛙神告诉我,关帝祠直到现在都还没完工,蛙神将亲自主持募捐一事。"于是,大家连忙恭敬地等待着下一步的指示。

神巫说道："现在把登记簿拿过来,已经捐过了的就量力而行,没有捐过的就自觉上前登记。"说完,看了看大家,问道："周狄在不在这里?"

本来周狄一听蛙神要开始主持募捐,便准备找机会随时溜走。突然听到神巫叫自己的名字,只好慢慢吞吞地走了过去。

神巫指着登记簿,说道:"你得捐献一百两银子!"
周狄听了,虽然心里很不情愿,可是当着大伙的面,也只得硬着头皮答应下来。周狄回家后,将此事对妻子一五一十地说了,周狄的妻子也是一个一毛不拔的吝啬鬼。夫妻俩商量了一下,便打定主意绝不将那一百两银子捐出去。

后来,神巫好几次到周狄的家里来要钱,周狄都避而不见。一天中午,周狄正在家中午睡,忽然被门外窸窸窣窣的声音吵醒了。他正奇怪呢,打开房门一看,居然有一只巨大的青蛙在外面撞他家的门。周狄吓了一大跳,连忙叫家人都过来看。大家都很吃惊。周狄猜这

只大青蛙一定是前来讨要那一百两银子的，所以也不敢硬赶。他只好连忙上香拜祭蛙神，承诺马上交出三十两银子，余下的分期交付。可是，大青蛙并没有丝毫动静，还是牢牢地堵着周家大门。

周狄无法，只好许诺马上上交五十两，其余的分期交付。这时，大青蛙忽然缩小了一些，周狄见有了效果，便继续许诺再加二十两。只见大青蛙又缩小了很多，现在只有原来的一半大小了，只是还没有离开的意思。周狄无可奈何地说马上将一百两交清，青蛙就变成正常大小，跳走不见了。

虽然周狄许诺马上交付一百两银子，但是他还是舍不得。最后，周狄决定只上交五十两。

又是一天中午，周狄正在和妻子一起吃饭，那只大青蛙又来了。这一次，大青蛙没有上次那么温顺了，它对着周狄怒目而视，紧接着跳到了周狄的房子上。大青蛙在房子上摇晃起来,房子被摇得随时都要倒塌的样子。周狄吓得心惊胆战,他也顾不上害怕了,连忙拿出一百两银子放

在了大青蛙的面前。可是,大青蛙只是看了看面前的银子,并没有任何反应。周狄万分疑惑,不知该如何是好。接下来,更奇怪的事情发生了,只见成百上千只青蛙源源不断地从四面八方爬进周狄的家中,房间里、院子里、仓库里到处都是跳

动的青蛙。青蛙将周狄的家弄得乱七八糟。周狄一家吓得惊慌失措,不知如何是好。最后,周狄一家奔向神庙,请求神巫搭救。

神巫听完周狄妻子的哭诉,说道:"我跟你们一起过去看看吧!"于是,一行人又回到了周家,周狄看到还有青蛙正陆陆续续地往这里爬来,吓得面如土色。神巫带着周狄往卧室走去,青蛙看到神巫都纷纷让出一条路来。神巫看了看青蛙,说道："一定是蛙神觉得你们之前欺骗了它，认为你现在给的银子少了。"

周狄连忙向蛙神承诺再加二十两，只见趴在床上的大青蛙抬起了头。周狄见此，狠了狠心，接着向蛙神许诺再加一百两。大青蛙从床上站起，跳到了周狄的面前，两只大大的眼睛一直盯着周狄。周狄被大青蛙盯得害怕极了，只好又向神巫求助。神巫仔细打量了一下大青蛙，然后说道："估计这是蛙神要你立刻把钱交出来的意思！"

周狄无可奈何，只好将二百两银子如数交给了神巫，只见大青蛙立刻朝门外跳去，它边跳边缩小，跳了几步就和寻常青蛙一样大了，然后混杂在青蛙群里，再也分辨不出来了。周狄家里其余的青蛙也慢慢地都跳了出去，直到晚上，青蛙才全部离开了。就这样，关帝祠终于建成了。

田螺姑娘

古时候,有个叫谢端的青年,他父母去世得早,是邻居把他养大的。他长大后,就独自一个人过日子。一天,他在田里捡到一只特别大的田螺,感到很惊奇,也很高兴,就把它带回家,放在水缸里养着。

第二天,谢端干活回来,发现桌上摆着香喷喷的米饭和美味可口的菜肴,他想,

一定是哪个好心的邻居帮他做好了饭菜。没想到，第三天，第四天……天天都是这样，谢端很过意不去，就到邻居家去道谢。可是邻居们都说不是他们做的，他们笑着说："一定是哪个姑娘看上你了，藏在你家里为你做饭。"谢端感到很纳闷，想把这件事弄清楚。

第二天早上，谢端像以往一样，扛着锄头下田去干活，没干多久，他就早早地收工回家，想看看是哪个好心人在帮他做饭。他蹑手蹑脚地走到门口，透过门缝往里面看，只见灶中正在烧着饭菜，做饭的人却不见了。

第三天，谢端装作下地去干活，实际上躲在家附近偷看。不一会儿，他就看到一个年轻美丽的姑娘从水缸里慢慢走出来，到了灶前，就开始烧火煮饭。

谢端看得清清楚楚，连忙跑到家里，到水缸

边一看,发现自己捡回的大田螺只剩下个空壳了。

他看着这位姑娘,惊奇地问道:"你是谁?为什么要帮我烧饭?"

姑娘没料到谢端会在这个时候出现,大吃一惊,姑娘想回到水缸中,却被谢端拦住了。谢端一再追问,姑娘没有办法,只好告诉他实情。原来这个姑娘是天上的水素女。玉帝见谢端从小孤苦伶仃,很同情他,就派水素女下凡帮助他。

水素女又说:"天帝派我下凡,专门为你料理家务,想让你在十年内富裕起来,那时我再回到天上去复命。可是现在我的使命还没完成,身份已经暴露,我必须回到天庭去。"

谢端听完后,非常感谢水素女,再三挽留她。但水素女去意已决,临走前说:"我把田螺壳留给你,你可以用它贮藏粮食,粮食就永远不会用完。你要好好帮助乡亲们。"水素女说完最后一句话,就消失不见了。

谢端依靠勤劳的双手和水素女的帮助,日子一天天富裕起来。为了感谢水素女,谢端建了一个素女祠,逢年过节都去烧香拜谢。

龙女拜观音

龙女聪明伶俐,活泼可爱,是东海龙王的掌上明珠。有一天,龙女听说岸上有一个小渔镇正在举行鱼灯会,她便吵着要出海看灯会去。可是龙王捋了捋龙须,摇摇头说:"人间很危险,你这么小,我不能让你出海。鱼灯有什么好看的,父王给你更漂亮的灯笼玩,好不好?"

龙女不同意，她对人间的鱼灯会非常感兴趣，龙女又哭又闹，请求龙王答应。可是龙王铁了心，无论如何也不同意龙女出海看灯会。龙女心想：那我就一个人偷偷去看！

终于等到了三更天，龙女变成了一副渔家少女的模样，溜出水晶宫，在朦胧的月光里踏上了正在举行鱼灯会的小镇。虽然已经三更天了，但是小镇上还是热闹非凡，人声鼎沸。街道两旁都挂满了各式各样的鱼灯，有章鱼灯、墨鱼灯、鲨鱼灯、海蟹灯、扇贝灯、海螺灯……龙女开心极了，她在人群中钻来钻去，这里瞧一瞧，那里看一看，非常兴奋。

忽然，龙女听到前面传来一阵喧闹声，好像很热闹的样子，便赶忙挤过去看。原来，这里摆上了一座灯山，鱼灯接鱼灯，层层叠叠，五光十色。龙女被这座灯山吸引住了，眼睛不眨地盯着

这座光华璀璨的灯山看。龙女没料到,突然有人从阁楼上往下泼剩茶,而且正巧往她这边泼来。龙女迅速躲开,可还是有茶水泼在了身上。要知道,变成人身的龙女是沾不得半滴水的,碰到水后,她就会恢复原形。龙女心里很着急,她担心不知什么时候会突然现出龙形。于是,龙女拨开人群,急匆匆地朝着海边奔去。

　　龙女刚踏上海滩,就痛苦地瘫倒在地上。龙女知道自己马上便要现出龙形了,她强忍痛苦,施了一个小小的障眼法。于是,龙女变成了一条很大的鱼。没有海水冲刷，现出原形的龙女只能在沙滩上默默躺着，没办法回到海里。

没过多久，有一胖一瘦两个渔夫朝龙女的方向走来。两人看到沙滩上躺着一条金灿灿的大鱼，都很吃惊——他们还从来没有见过这么大的鱼呢！胖子有些胆小，他说："我从来都没见过这种鱼，而且也不知道这条鱼为什么会在岸上，恐怕不吉利，我们快点走吧！"

瘦子可不甘心就这么走了，他上前一步，小心翼翼地拨弄了两下那条大鱼，然后说道："你看，没什么问题。别管那么多了，咱们把它扛到街上去卖吧，这么大的鱼，一定可以卖个好价钱！"

胖子虽然害怕，但是一想到可以卖个好价钱，就听从瘦子的建议，两人扛着大鱼上街叫卖去了。

这一切都被正在东海紫竹林修道的观音菩萨看在眼里，不由得动了恻隐之心。于是，观音菩萨唤来善财童子，对他说道："你现在赶快赶到渔镇去，若是看到有两个人在叫卖一条金灿灿的大鱼，就把那条鱼买下来！她并不是普通的鱼，而是东海龙王之女。你买下她之后，就把她送回海里吧！"

善财童子点点头，马上驾云朝着渔镇赶去。

善财童子很快就来到了渔镇上，他用香灰变出了一大把银子。

再说那两个渔夫把鱼扛到了街上，立即吸引了人们的目光。大家对这条金灿灿的大鱼啧啧称奇，议论纷纷。但是还没有人问价，因为这条鱼实在太大了，大家伙儿都不敢贸然买这么大的鱼。

这时，一个白胡子老头儿说道："不是我们不想买，而是这条鱼实在太大了，买回家也吃不完啊！要不就把它斩开，一块一块地零卖吧。"

胖子和瘦子一听，觉得很有道理，便找来一把刀，准备把大鱼剁成一块一块的。

这时，一个小孩子叫了起来，他指着大鱼的眼睛喊道："你们快看啊！大鱼流泪了！"

大家顺着小孩的手看去，果然看到大鱼的眼睛里流出了两串晶莹的泪珠。胖子吓得倒退了几步，可是瘦子可不管那么多，他拿起刀就准备向大鱼砍去。正在这时，善财挤进了人群里，大叫道："我要买这条鱼！不要斩，不要斩！"

瘦子一听有人要买鱼，连忙放下了手里的刀。他问道："这条鱼很贵，你买得起吗？"

善财说道："买得起，你看这些银子够吗？"

说着，便拿出了一大把银子。

瘦子一看这么多银子，连忙说："够了够了，这条大鱼就卖给你了！"

善财说道："这鱼太大，我扛不动，劳烦你帮忙把鱼送到海边！"

人们一听，都大笑起来，这个年轻人高价买来这条鱼，又要把它放回海里，不是很傻吗？

但是，瘦子连忙答应下来，其实他的心里打着如意算盘呢。瘦子暗想：钱已经赚到了，现在帮这小子把鱼送到海边，说不定还可以找个机会捉回来，再赚一笔呢！于是，他高高兴兴地和胖子一起，把大鱼又扛回海滩上。

三人一起来到海边，胖子和瘦子合力将大鱼放进了大海里。只见大鱼一碰到海水，立刻就来了精神，拍出一个水花，不一会儿就游走了。瘦子只好打消了再捞大鱼的念头，他摸摸口袋里的银子，哪知摸出来的竟然是一把香灰。一阵海风吹来，香灰就被吹散了。瘦子大吃一惊，等他回过头来，早已不见善财的踪影了。

龙女回到大海里，发现龙宫早已因为她的失踪闹得天翻地覆了。龙王发现小女儿不见了，大

发雷霆。大家见龙女平安地回来了，都很高兴。可是，东海龙王这次是真的生气了，他一怒之下，竟将龙女逐出东海龙宫。

龙女伤心极了，茫茫东海，到哪里去安身呢？第二天，她哭哭啼啼来到莲花洋。哭声传到紫竹林，观音菩萨很可怜龙女，她吩咐善财童子去接龙女过来。

善财童子蹦蹦跳跳地来到龙女面前，笑着问道："龙女妹妹，你还记得我吗？"龙女连忙揩掉眼泪，红着脸说："你是我的救命恩人啊！"说着就要拜。善财童子一把拉住了她："走，观音菩萨叫我来接你呢！"善财童子和龙女手拉手走进紫竹林。

从此，龙女就跟随了观音菩萨。可是龙王后来后悔了，想叫龙女回去。可是龙女依恋着普陀山的风光，再也不愿回到禁锢她的龙宫中去了。

黄 巧

从前，有个小伙子叫黄巧，他和妻子、女儿一家人过得很幸福。有一年的元宵节，黄巧准备上山去砍点柴。这时，女儿跑到黄巧跟前说："爸爸，今晚有灯会啊！我们还等着你早点回来给我们点灯笼呢。"说着，女儿便把她最喜欢的鱼形灯笼在黄巧眼前晃了晃。

黄巧摸了摸女儿的头，笑着说："好，我会早点回来的！"

黄巧吃过早饭后，便拿着斧头早早地上山砍柴了。黄巧一边往山上走，一边寻找可以当柴烧的树枝，不一会儿就砍了不少柴。这时，他看到

一个山洞旁边有一棵枯树,正适合砍来当柴烧,于是他走到那个山洞前。只见山洞口摆着一张石桌,居然有两个老人正在下棋,他们都有着长长的白胡子。两个老人只顾全神贯注地下棋,全然不觉有个人正站在洞口看着他们。黄巧想问问两位老人这棵树是否能砍来当柴烧,可是两位老人一直盯着棋盘,黄巧找不到机会开口。黄巧想:"等他们这盘棋下完了,我就问问他们。"

黄巧刚好也懂得下棋,渐渐地,他被老人们精湛的棋艺吸引住了,于是干脆找了个地方坐下,全神贯注地看起来。过了一会儿,黄巧觉得有些奇怪:他发现两位老人的胡子不知不觉变长了,都已经拖到地上来了。黄巧站了起来,开玩笑地说:"老人家,你们的胡子长得好快啊!"

这时,一个老人笑了起来,说:"小伙子,难道你不觉得是因为你在这里坐了很久吗?"

黄巧说:"我才来了一会儿啊。"

另一个老人说:"那么,你看看你的斧头吧。"

黄巧低头一看,原本放在自己身边的斧头已经锈得不成样子了。他大吃一惊，忙问这是怎么一回事。

一个老人回答说："在你看我们下棋的时候，外面的世界已经过去了五百年。你快回家看看吧！"

黄巧听完，连忙跑下山去。如果真的如同老人所说，已经过去了五百年，那么自己的妻子和孩子呢？难道她们已经去世了吗？黄巧忐忑不安地回到了记忆的地方，可是这里早已不是原来的样子了。原来的田地上已经不见了庄稼，建满了房子；原来的村庄现在成了一个大水塘。他看到的完全是一个陌生的地方和陌生的面孔。

最后，他找到一个这里年纪最大的老婆婆，知道了一些自己家人的消息。老婆婆说："在这个地方，听说发生过一件事：在很多年以前的一个元宵节，有一个年轻人上山砍柴，却不幸被山神给拐走了，从此再也没有回来。可怜了那个年轻人的妻子和孩子。"

185

老婆婆继续说:"从此,我们这里就有了一个传统,就是在每年的灯会上,都会有一个游行活动,专门提醒人们关心失去丈夫的寡妇和失去父母的孤儿。今天晚上,你就可以看到这个游行队伍从这里经过。队伍最前面有两个人,其中一个扮演那个失去父亲的孩子,另一个则扮演失去丈夫的寡妇。"

黄巧听完老婆婆的话,眼泪止不住地流了出来。他一直守在那里,等待着那支游行队伍的到来。没过多久,黄巧便远远看到一个手持灯笼的游行队伍向这边走了过来。在队伍的最前面果然有两个人,她们的衣着和黄巧的妻子、孩子特别像,可是却并不是他的亲人。那个女孩儿手中提着一个鱼形的灯笼,而那个女人的手中却拿着一个破的空碗。黄巧看到这里,伤心极了。都是自己的原因,连累妻子和孩子过着如此悲惨的生活。

他心情沉重地离开了市镇。

第二天,黄巧连忙按原路上山找到了那个山洞。他看到两位老人还在山洞里下棋。黄巧向两位老人说明了事情的原委,请求得到他们的帮助。

其中一个老人见他可怜,就告诉他说:"你去找月兔,它那里有长生不老药。如果你想要跟你的妻子和孩子团聚,得往药里掺一些从天龙嘴里喷出来的水,然后喝下去。"

黄巧听了很高兴,又问道:"我怎么才能找到月兔和天龙呢?"

老人说："我给你一只白鹤，它会带着你去你想去的任何地方。再给你一个瓶子，你可以用它接住天龙喷的水。天龙住在天上的云洞里，月兔住在月宫里，你乘着白鹤快去吧。"

黄巧道了谢，他把老人给的瓶子收好，走到洞口便看到一只白鹤正站在洞外。他正准备骑到白鹤的背上，听到另外一个老人说："天龙有时候喷火，有时候喷水，你要小心点。如果它喷火的话，你会被烧死的。"黄巧再次道谢，这才骑到白鹤的背上往天上飞去。

白鹤先带黄巧来到了月宫。黄巧顾不得观看神奇壮观的月宫，就直奔月兔住的地方。黄巧看到月兔正忙着制造长生不老药，月兔长得跟人间的兔子很像，有着白色柔软的皮毛，可它的眼睛却是棕色的。黄巧说明来意后，月兔说："我很愿意帮助你，可是，你先要弄来天龙喷出来的水。"

黄巧于是告别月兔,骑着白鹤来到了天龙住的云洞外。云洞四周都是白云,天龙住的那个洞穴看起来黑乎乎的。黄巧想:"首先得想办法引出天龙,然后再让它喷水。不能让它喷火,否则我就会被烧死。我该怎么办呢?"

黄巧正想着,突然看到洞穴外散落着一些干草,黄巧顿时有了主意。他把地上的干草收集在一起,小心翼翼地将干草点着了。火势慢慢大了起来,还冒出了浓烟。黄巧把烟火往云洞里扇去。不一会儿,天龙闻到了烟火味儿，它伸出头来，看到底发生了什么事。天龙长得可怕极了，它的头像骆驼，角像鹿，眼睛血红血红的，耳朵像牛，爪子就像老鹰的利爪。天龙看到洞外着火了，不满地哼了一声，连吸几口气，猛地喷出了一大股水，浇在火焰上。黄巧趁天龙不注意，连忙拿出小瓶接满水，然后骑上白鹤飞走了。

月兔看到黄巧平安地回来了，还带回了天龙喷的水，笑着说："你真行，跟我来吧。"月兔小心地打开瓶子，从瓶子里滴了几滴天龙喷的水到长生不老药里。长生不老药马上变得清澈透明。月兔把药递给黄巧,说:"你现在把它喝了吧。"

黄巧接过药水,一口喝了下去。这时,月兔打开了窗子,让黄巧往下望。神奇的事情发生了:黄巧看到有条长长的台阶从窗户延伸下去,一直通到黄巧住的那个可爱的小村庄。

黄巧连忙向月兔道谢,然后踏上了回家的台阶。他一路飞奔,一直到自家门口才停下。正好,这时他的妻子刚点亮了一盏红灯笼,黄巧马上接过妻子手中的灯笼,把它挂在了门口。

女儿看到爸爸回来了,高兴地扑上去:"爸爸,你怎么这么晚才回来呀!"黄巧没有回答女儿的问题,而是把女儿紧紧地抱在怀里,然后又紧紧地抱住了他的妻子。

黄巧终于又回到了妻子和孩子身边,不过,他不打算把自己的经历告诉她们。

东海龙王塌东京

古时候，玉皇大帝任命敖广管理东海，又派妙庄王去管理东京。当时东海特别小，它和东京紧挨着。敖广一心想要扩充东海的海域，但是周边的大海都划定了区域，只有在东海和东京之间没有明确的界碑。经过一番思索，龙王想出了一条吞并东京的计策。

敖广不时地派人给妙庄王送去奇珍异宝、美酒美女，供他享受。妙庄王渐渐沉迷在美色中，不再理会朝政。没过几年，东京盗贼横行，百姓们怨声载道。敖广知道这个消息后，非常高兴，他暗中将这件事奏禀玉帝，并且恳请玉帝下旨塌掉东京的土地归东海所有。玉帝听了十分气愤，当即派吕洞宾去东京察看实情，命他在三天之后回到天宫复命。

吕洞宾变成了一位六旬老人的模样，悄悄地来到了东京，开了一个油坊。他在门口挂起了一块招牌，招牌上写着"不过秤油店"几个大字，门上还贴上了一副有趣的对联："铜钱不过三，香油可超万。"横批是"心安理得"。凡是来吕洞宾这里买油的人，他都只收人家三个铜板，至于人家舀走多少油，他都不管。这奇人怪事像春风一样传到了千家万户，东京的百姓不论多远，都会

到吕洞宾的"不过秤油店"来买油。有带着茶罐来的,有的抱的是瓶子,有的则是捧着一个大大的瓦罐,有的人甚至是挑了两个大大的水桶来了。可是不管人们带走多少油,吕洞宾都只收取三个铜板。

日子一天天过去了,吕洞宾看着来来往往的人,不由得心生了些许失望。这一天,吕洞宾看见一个小女孩提着一大瓶油进到了他的店子。吕洞宾感到特别疑惑,他问道:"小姑娘,你来买油怎么不拿个空瓶子,反而拿了一满瓶油来呢?"小女孩顿时就红了脸,她小声答道:"老伯伯,我先前在您这里只用了三个铜板就换走了满满的一瓶油,心里可高兴了!可是当我欢欢喜喜地回到家里给妈妈讲了后,妈妈说我不该这样贪心,要我把多余的油给您送回来。您看,我妈妈还在这瓶子上面做了记号的,她让我把这条线上面的香油还给您!"小女孩说完,就将瓶子里多余的油倒回了大缸中。

吕洞宾只觉得胸口一热,心想:我开这家香油店快要三年了,这么善良的人还是第一次遇见。经过询问得知,小女孩名叫葛虹,家中只有她和母亲相依为命。吕洞宾从墙上取下了一个葫芦瓢递给了葛虹,说:"小姑娘,我送你一个葫芦瓢。再嘱咐你一件事:你每天去城门口看下那里的石狮子,如果石狮子的头上冒出鲜血,那么就要发生灾难了。那时候你就跑去找葫芦瓢,它会帮助你的。"

葛虹虽然对老人的话感到疑惑，但还是把葫芦瓢带了回去。回到家，葛虹把这番话告诉了妈妈，妈妈也是满肚子的疑惑，但还是照着老人的话做了。第二天天刚亮，葛虹就去城门口瞧瞧石狮子有没有什么不一样。

再说东海龙王敖广，自打从天庭回来后，就派人监视吕洞宾。可他还是不放心，于是就变成了杀猪的屠夫，来到了东京。一天，他忽然看见一个小女孩跑到了城门口，盯着石狮子看，然后又转身往回走。他顿时就起了疑心，第二天又看见那个女孩来看石狮子，就更觉得奇怪了。到了第三天，龙王再也忍不住了，他走到葛虹的面前，和颜悦色地问道："小姑娘，我看见你每天早晨都要来城门口看石狮子，能跟我说说你为什么要这么做吗？"葛虹是一个善良单纯的小女孩，从来不会怀疑别人，于是就一五一十地讲了出来。她说："街上卖油的老伯伯前几天告诉我,说如果城门口的石狮子头上出了血,东京就会有灾祸。"

为什么吕洞宾让葛虹每天都去城门口看石狮子有没有出血呢?原来,这对石狮子是玉皇大帝派来的镇城之物。只要这对石狮子在,就算是龙王兴再大的风、卷再高的浪都不能塌掉东京。如果玉帝准了敖广的奏章塌掉东京,就必定要先把这对石狮子召回天宫;而要让石狮子离开东京,就必须要狮子闻到血腥味。这原本是不可泄露的天机,就算是东海龙王和妙庄王都不知道这其中的玄机。吕洞宾成仙最早,所以能参透其中的奥秘。

龙王听了葛虹的话,高兴不已。当天夜里,龙王宰杀了一头猪,把一碗热气腾腾的猪血偷偷泼到了石狮子身上。

第二天早上,葛虹又来到了城门口,当看见满头是血的石狮子时,吓得愣在那里了。不一会儿,葛虹惊奇地发现那对石狮子活了过来,口中发出震耳欲聋的呼啸声,紧接着就冲向云霄飞走了。葛虹见此情景,慌忙朝家里奔去。这时,她忽然听见背后传来一声巨响,回头一看,发现高大的城门已经倒塌。葛虹心里记挂着母亲的安危,跑得更快了。谁料想葛虹一边跑,她身后的大地也紧跟着一寸一寸地塌陷着,等到她跑回家中的时候,东京城已经是一片汪洋了。

葛虹回到家,看见母亲正望着外面的滔天巨浪,吓呆了。这时,葛虹想起了卖油老伯伯送给她的葫芦瓢。说来也真是奇怪,当葛虹一拿出葫芦瓢,它就慢慢地变大了,不一会儿就变成了一只小船。葛虹赶紧扶着母亲上了船,在茫茫汪洋中没有目的地漂着。葫芦船在大海中漂啊漂,最后漂到了一座高山顶上。葛虹和妈妈上了岸,把船上的东西都搬了下来。渐渐地,海浪越来越大了,原本的陆地都变成了一片汪洋大海。可是,唯独葛虹母女所在的地方没有被海水淹没。后来,停泊葫芦船的地方变成了一个小岛,后人称为舟山岛,葛虹母女休息的地方变成了岱山岛,放着包袱的地方也变成了以后的衢山岛,而摆放其他杂物的地方也变成了不同大小的岛屿。

崂山道士

从前,有一个叫王生的人,他不爱读书,喜欢学那些虚无缥缈的道术。王生听说崂山上有很多仙人,于是便瞒着家里人,往崂山寻仙学道去了。

崂山山顶上有一个古朴雄伟的道观。王生登上山顶,来到了道观大殿,看到一个头发全白的道士正坐在大殿中央。那老道士神情安定超然,颇有仙风道骨之气。王生恭敬地说道:"请道长收我为徒,我愿跟随道长一同学道!"

道士摇了摇头,说:"悟道的过程艰苦而又漫长,只怕你吃不了苦。"

王生连忙说道:"我不怕吃苦,万望师父收留。"

道士看了看王生，说道："既然如此，你就留下吧！"

第二天，天还没有亮，师父就让王生跟其他徒弟一起上山砍柴。王生高兴地拿起斧头，上山砍柴去了。但是，没过几天，他的手上磨出了厚厚的一层茧，脚上也磨出了好几个水泡，他觉得自己不能再忍受这样的苦楚了，想回家的念头越来越强烈了。

一天傍晚，有两个客人到访，师父在内室里摆上酒席款待他们。王生他们几个徒弟在一旁坐着，等候师父差遣。只见师父将一张纸剪成了镜子的形状，接着往墙壁上一抛，那张纸竟然神奇地贴在了墙壁上。更加让人吃惊的是，那张纸就好似窗外明亮的月亮一般，洒下一室月光，室内的一切便都看得清清楚楚了。

过了一会儿，一位客人对师父说道："既然主人已经将月亮请到了内室，何不再将月宫里的嫦娥也一起请来，为我们助兴呢？有酒无乐，岂不是太寂寞了吗？"

师父点了点头，说道："确当如此！"

王生更加吃惊了，他眼睛眨也不眨地盯着师父。只见师父将手中的筷子向着月亮的方向抛去，筷子消失在明亮的月光里，然后就看到一位花容月貌的美人从皎洁的月光中走出，缓缓落到地上。王生心想：这美人大概就是嫦娥了吧。

那美人如幽兰，她的舞姿轻盈优美，飘忽若仙，宽阔的广袖开合遮掩，仪态万千。她轻盈翩然地跳着霓裳羽衣舞，舞了一会儿，美人开始唱起歌来，歌声清脆悦耳，宛如天籁之音。一曲结束，美人以右足为轴，轻舒长袖，娇躯随之旋转，愈转愈快，最后竟一跃至桌上。所有的人原本都陶醉在美人的歌舞中，被美人突然的举动吓了一跳。正在疑惑之际，只见美人竟忽然一下变成了筷子，倒在了桌上。人们都大笑起来。

其中一个客人又说道："今晚可真是尽兴啊！不知最后能否让我们去月宫里瞧瞧呢？"

师父说道："当然可以。"

说完，三人一同站了起来，他们的脚下徐徐

升起一团云雾,将三人慢慢地送入了月中。王生看见月光中依稀可见他们三人的影子,他们在月中喝酒谈天。过了一会儿,月光开始慢慢变暗,屋子里也昏暗下来。一个徒弟连忙去拿来蜡烛点上,王生看到师父竟然一个人坐在桌旁,桌子上的菜肴还是之前的样子,墙壁上的月亮已经不见了,只有一张镜子模样的白纸还挂在壁上,两个客人也已不见踪影。

师父这时开口说道:"大家早点回去休息,别耽误明天砍柴!"众徒弟便一起退了出去。王生心里很高兴,他想:"原来师父的道术如此高明啊!"他不禁打消了回家的念头，又安心地等待起来。

就这样，又过去了一个月，王生每天都上山砍柴，师父却没有传授法术给他的意思。他不愿意再继续这样等待下去，向师父说道："弟子慕名前来学习道术，虽不指望能够长生不老，但至少希望学到一点皮毛。可是现在我已经来到崂山三个月了，都只是日复一日地砍柴，什么都没有学到。弟子从前在家时，从未受过这种苦，所以，弟子想回家去了。"

师父笑着说："我早就告诉过你，你吃不了这个苦，是你自己当初执意入道。既然如此，明天一早你就回家去吧。"

王生说道："弟子已在这里学习了三个月，希望师父能在弟子回家之前传授一点小法术，弟子感激不尽。"

师父说道："好吧，那你想要学习什么法术呢？"

王生说道:"不知师父能否传授我穿墙术呢?"

师父答应了,随即念了一句咒语,然后说道:"你把这句咒语记住,念完,再喊一声'进去',你就可以穿墙而过了。"

王生默念了一遍师父说的咒语,便想一试身手。他走到一面墙壁前,念完咒语,大声说道:"进去!"然后慢慢地朝墙壁走去,但是却失败了。

师父在一旁说道:"你这样是不行的。你必须低着头,猛地向墙壁冲过去,绝对不能在墙壁边徘徊。"

王生便照着师父说的话,再试了一次。他口里念着咒语朝着墙壁冲了过去,这次果然成功了。王生没有受到任何阻碍,发现自己已经站在墙外了。他高兴极了,连忙向师父道谢。

师父嘱咐王生说:"你下山后,不得到处夸耀,不然法术会失灵。"

王生连连点头，然后回家去了。王生到家后，丝毫没有将师父的话放在心里，逢人便说自己遇到了仙人，学会了高明的法术。王生的妻子不相信他的话，要他演示一下。于是王生站在墙壁旁，想要演示在崂山学会的法术。这次，他低着头，嘴里念着咒语，朝着墙壁冲了过去，结果，他的头猛地撞上了坚硬的墙壁，倒在了地上。王生挣扎着坐了起来，他摸着自己的头，发现已经撞出了好大的一个包。妻子在一旁哈哈大笑，王生羞愧不已。

龙王公主

有一次，一个穷小伙子去山上砍柴，他来到了一个美丽的小湖边。小伙子累了，就坐在一棵松树下休息。突然，他看见湖里冒出一只大乌龟，它四周环顾了一下，就钻进水里去了。不久，从深水里又冒出一条绿龙，它朝四周环顾了一下后，也钻到水里去了。再过了一会儿，湖面上出现了龙王的公主，她美如天仙，坐在湖面上梳头。

打柴郎看到这位仙女，忍不住倒抽了一口气。声音刚落，湖面上立刻闪出一道红光，美丽的公主不见了。打柴郎立刻跑到湖边，毫不犹豫地跟在公主后面往水里一跳。

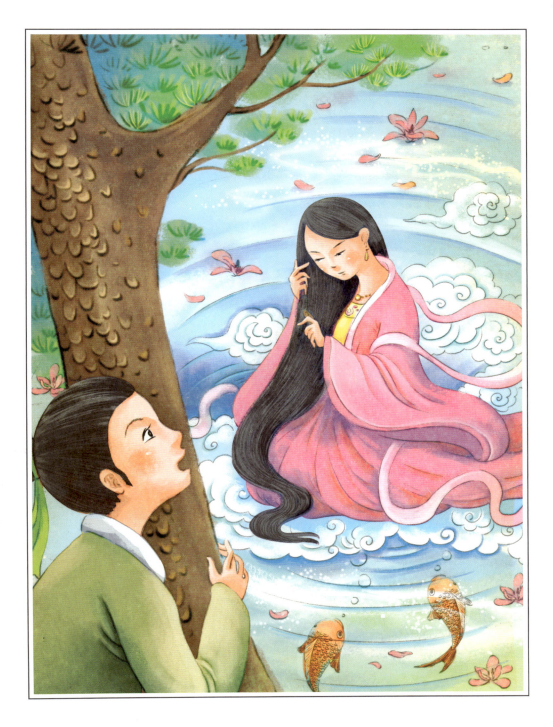

209

打柴郎好久好久才掉到湖底，奇怪的是湖底竟然没有水。那儿跟陆地上一样又明又亮，远处耸立着一所高大的房子。

打柴郎高高兴兴地向那座房子走去，刚一走到房子跟前，就吓了一大跳，这不就是龙宫吗？大门口有两条黑龙把守着，其中一条看到打柴郎，立即跑到宫里去报告。

龙王公主吩咐他把那少年放进来。等他恭恭敬敬站在龙王公主面前时，她开始仔细询问："你是从哪儿来的？是怎么来到这里的？"

打柴郎一一告诉了美丽的公主。龙王公主一听，羞得满脸绯红。因为她很久以前就有过誓言：她将与第一个瞧见她容颜的男子成亲。可是她自己说不出这些话，就让她的叔叔去替她说。

穷小伙子听了叔叔的话，觉得正合他心意，便毫不迟疑地同意了。于是龙王公主便成了穷打柴郎的妻子，两人幸福快乐地生活在一起。

有一天，打柴郎突然想起了他的老母亲，而这天正好是她的八十大寿。所以，打柴郎打算回家看母亲。公主在他上路的时候，给了他一个小

瓶子,对他说:"等你需要什么时,只需告诉这个小瓶,就能得到。"

打柴郎的母亲看到儿子回来后,欢喜得不知怎么是好。打柴郎与母亲相会后,马上掏出小瓶子说:"给我拿好酒和二十道好菜!再来一个准备了三十出好戏的戏班!"

他刚说完,他所要求的一切就出现了。小伙子把左邻右舍都请来了,一道庆祝母亲的生日。贺完了生日,打柴郎带着母亲一块儿来到湖边,把她抱在怀中,跳进水里,然后一块儿在湖底过着幸福的生活。

九色鹿

在一座景色秀丽的大山中,有一只鹿,它的双角洁白如雪,身上是九种颜色的皮毛,漂亮极了。人们叫它九色鹿。

这天,九色鹿正在河岸边喝水。突然,它看到河中有个人抱着根木头顺流而下,在汹涌的波浪中极力挣扎,大声喊叫着:"救命啊,救命!"善良的九色鹿

不顾自己安危,奋不顾身地跳进河中,游到那个人身边说:"你不必害怕,上来跨到我的背上,抓住我的两只角,我把你送到岸上。"

九色鹿驮着这个落水的人,费了很大的力气,终于游到了岸上。当它爬到岸上时,已经精疲力竭,只能躺倒在沙地上大口喘着气。

落水人得救了,他趴在地上,不断地向九色鹿磕头,感激万分地说:"我叫调达,谢谢你的救命之恩。我愿意做你的奴仆,为你寻草觅食,受你的驱使,以报答你的恩情。"

九色鹿说:"我救你并不是让你来做我的奴仆。快回家和你的亲人团聚吧。别告诉别人我住在这儿。否则,人们知道之后,他们为了毛皮和角,会来杀死我的。"

调达答应了九色鹿,连声道谢后离开了。

一年过去了。一天,这个国家的王后做梦梦

到了有九种毛色、头角雪白的九色鹿。醒来之后,王后对九色鹿念念不忘,她想:如果我能得到这只鹿,那该多好啊!后来,王后因此而生了病。

国王关心地问她说:"王后,你身体有什么不舒服吗?"

王后说:"昨天晚上,我梦见一只美丽的鹿,它的毛皮有九种颜色,双角是雪白的。我很想用它的毛皮做漂亮的衣服,用它的角做拂尘柄。请你帮我弄到那只鹿,如

果弄不到，我的病就好不了。"

国王答应了王后的请求，说："我身为一国之主，寻找一只小鹿，有什么困难，我一定会帮你找到这只鹿的。"于是，国王向全国发出告示：有能抓捕九色鹿的，或者知道九色鹿行踪的，赠给他一座城堡，并用银碗装满金豆、金碗装满银豆作为赏金。

调达听到了这个消息，早忘了九色鹿的救命之恩，他心想：好运来啦！只有我才知道那只鹿在什么地方，真是再好不过的机会了。虽然我答应过九色鹿，不泄露它的行踪，但它只是一只鹿，怕什么呢。

他来到街上，揭下告示，并对官差说："我知道那只鹿在什么地方，你快带我去见国王。"

国王听说有人知道九色鹿的下落，满心欢喜，对调达说："如果真能抓到九色鹿，我就按告示上说的赏赐你,绝不食言!"

调达也喜不自禁地说:"我知道这只鹿在哪里,只是这只鹿力气很大,您最好多带些人马去。"

国王带了很多人马,在调达的带领下,来到了那处河岸上。调达根据九色鹿的脚印,找到了九色鹿的藏身地点。这时,九色鹿正在一个大树洞里睡觉。听到周围人声嘈杂,九色鹿大吃一惊,一跃而起。然而为时已晚,它已被国王的军队层层围住,根本没有逃走的机会。国王身边的士兵们张弓搭箭,瞄准了九色鹿。

这时，九色鹿的眼睛里含满了泪水。在人群里，它认出了自己一年前从河里救下的调达。九色鹿走到国王跟前，说："陛下，这个人忘恩负义，一年前，他掉在河里快淹死了，我奋不顾身把他救到岸上。他为了感恩，甚至表示要做我的奴隶。我只要求他别把我的行踪泄露出去，他满口答应了。可现在他却这样恩将仇报，你们人类真是很虚伪啊。"

国王明白了事情的前因后果，他沉默了一会儿，然后惭愧地说："这个人果然不懂感恩。身为国王，我应该深明大义才对。这样吧，我放了你，你快点换个地方栖身吧，让人们找不到你。"

九色鹿含着热泪感谢了国王，然后离开了这里。而调达被国王怒斥了一顿，不但没有得到奖赏，还被关了起来。当国王率军队回到王宫时，王后的病也奇迹般地好了。

长寿花

在很早以前,长白山一年四季都会开遍色彩缤纷的花朵,这些花中,最美的花要数长寿花了,又红又香。相传,在每年三月初三那天,王母都会摆蟠桃宴,宴后,玉皇大帝便会带领众仙到这里观赏长寿花。玉帝很喜欢这些长寿花,他担心凡人会采走这些花,就让织女围绕半山腰织七层锦云将山顶罩住,又命黑水龙王住在潭底,嘱咐他一定要好好看管好那些花儿。

这个黑水龙王有三个女儿，大女儿和二女儿都已出嫁了，只有小女儿还陪伴着黑水龙王，这个小女儿长得最为俊俏，也最受黑水龙王的宠爱。小公主并不喜欢神仙的生活，她喜欢到处玩耍。虽然宫殿很大，但日子长了就玩腻了。有一天，她听蟹婆婆说潭面上非常漂亮，便想亲自去看看，还要去尝尝那传说中的长寿花，据说吃了能长生不老呢。日子久了，这个愿望愈发强烈了。

为了实现三公主的这个心愿，她的表哥二太子决定偷偷带着她来到潭面上。他们正玩得起劲时，听到了奇怪的叫唤声。三公主好奇地问："这是什么声音呢？"那个声音越来越近了，他俩只听到："请公主见谅，我是人间的紫貂，因母亲生病来此采摘长寿花，不想被抓了起来。在此已多日，甚是想念母亲，所以刚才才忍不住叫唤的。"

三公主同情地说道："多么可怜呀。表哥，我们这儿有这么多长寿花,它能治百病。要是哪天我们有机会到人间去,就能帮帮他们了。"

这些话说进了紫貂心里,它高兴地说:"到人间非常简单啊,出了三江口就是了。"

可三公主却面露难色,说:"有些事你们是不知道的,在这潭口有三道闸门,分别由三把金锁锁住,而三把锁的钥匙却在我父亲的宝箱里。我想只有等到父亲上天办事的时候,我们才有机会偷出来,然后穿上巡水宝衣,拿着巡水宝剑才行。"

听公主说得这么艰难,紫貂不禁更加哀伤,哭着说道:"公主啊,要是没有这长寿

花,我母亲的病肯定不能好了啊!"

听到紫貂这样说道,表哥实在有些于心不忍,便对三公主说:"三妹,我们不能见死不救啊!要是我们真能将长寿花带到人间,就可以让他们远离痛苦,那也是美事一桩。"三公主点点头,说道:"那我们就等待合适的机会吧。"

一天,龙王上天去办事了,三公主便匆忙地跑到黑水后宫,对黑水娘娘说:"不好啦,母亲。那个抓进来的紫貂将宝箱咬了一个窟窿,我担心那件宝衣会被它咬破,快去看看吧。"黑水娘娘一听就急了,她想都没想,便掏出腰间的小葫芦念道:"葫芦开,葫芦开,吐出宝箱钥匙来。"就这样连续念了三遍,突然一道金光闪过,从葫芦中飞出一把钥匙。黑水娘娘把钥匙递给了三公主,嘱咐道:"这是钥匙,快去看看那宝衣,千万别误事啊!"三公主连连点头,便跑开了。

拿到钥匙后,三公主一路飞奔至后院,迅速地打开宝箱,取出了巡水衣和巡水剑,拿好小石匣子回到前院,二太子与紫貂正在那里等着她呢。接着,他们一同来到了潭口。三公主从石匣子中取出三把钥匙,开锁、披衣、拿剑,一气呵成。一道金光过后,他们便出了闸门。顺利地来到人间后,他们站在一片高地上,取出长寿花的种子迎风一撒。片刻间,奇迹便出现了:周围到处都是火红的长寿花。

紫貂高兴地说:"三公主啊,你真是拯救我们的大恩人!"紫貂摇摇尾巴,对三公主和二太子千恩万谢后,便回家看母亲去了。

长寿花种子传到人间的事马上就在天庭传开了。玉皇大帝勃然大怒，他派老君带领五百天兵天将去查明此事。老君便带着天兵出了南天门来。此时三公主与二太子正在人间种长寿花，突然天地变色，狂风不止。他们立刻意识到事情可能不妙。三公主对二太子说："表哥，我想玉皇大帝应该知道此事了，但这与你无关，你快走吧！"

二太子却不以为意地说道："这是什么话？我们要有难同当啊！"

三公主还想说些什么，老君的声音已经传来："大胆小儿，你们可知你们已触犯天条，还不快快认罪，免受皮肉之苦。"

三公主大声说："既然我敢做，那我就有这个胆子担着。"

老君这次真发火了，喝道："大胆！明知触犯天条还这般不知悔改，天兵天将听命！"

"在!""将他们二人给我拿下。"天兵天将一拥而上,可却全退了回来。原来他们穿着金光闪闪的宝衣,天兵天将都无法靠近。

老君见状,便从怀中拿出万宝袋抛了下去,那三公主身上的金光便瞬间消失不见了。

三公主大声地叫道:"我才不管什么天条地条的。长寿花只能在天宫开放,人间却不能种植,这样对老百姓一点都不公平。"

老君一听此言,早就按捺不住,他正准备上前去教训这个黄毛丫头,却被雷公、雷母和闪电娘娘拦住了。老君正纳闷呢,雷公、雷母和闪电娘娘指了指东面,原来是观音菩萨和善财童子来了。观音菩萨说道:"老君何必如此动怒呢?给我个面子如何?让他们变化身形,下界去吧!"她话说完,便轻轻摇了摇柳条。转眼间,二太子和三公主在地上打了个滚,就变成了两只梅花鹿。

老君怒气未消,便命风婆婆和雪公公吹风扬雪,要让二太子和三公主在极寒之地经受磨炼。从此,万香山便开始常年积雪不化,后来人们称之为长白山。现在的天池就是龙王潭,而漫山遍野的长寿花就是十分宝贵的人参。紫貂给自己的妈妈治好病之后,就在这个地方长期居住下来,并一代一代繁衍起来,成了这里的一道风景。人参、紫貂与梅花鹿可谓是患难见真情,成了难分难离的好朋友,这就是现在的"关东三宝"。

小黄龙

西湖边有一个紫云洞,洞里有一条老黄龙和一条小黄龙。小黄龙是被老黄龙抓来服侍自己的。老黄龙整天在洞里打瞌睡,为了防止小黄龙逃跑,睡觉的时候总将它的爪子放在小黄龙的脖子上。

终于有一天,小黄龙看到老黄龙睡得很熟,便悄悄地从龙爪下爬了出来。逃出山洞,小黄龙可高

兴了。天空湛蓝，白云悠悠，山花烂漫，这些都是它从没有见过的美景。小黄龙想去山下走走，于是变身成了人形，只是背上还长有龙鳞，就又变出了一套衣服穿在身上，然后开开心心地下山去了。

小黄龙刚走到山坡上，就看到了一个哭泣的放牛娃。它走过去，问道："你为什么哭呀？"

放牛娃一边抹着眼泪，一边说："我把财主家的牛弄丢了，财主会打我的。"

小黄龙安慰道："不要紧，我会帮你的。"

放牛娃便跟着小黄龙一起下山。他们一起走到树林的时候,看到一个老爷爷在哭。

小黄龙又问道:"老爷爷,你为什么哭呀?"

老爷爷止住眼泪,说道:"我少交了租子,财主要把我抓走。"

小黄龙安慰道:"老爷爷,你放心,我会帮你的。"

于是,老爷爷便跟他们一起下山。三个人继续走着,在一家草屋门前看到了哭泣的老奶奶。

小黄龙又问道:"老奶奶,你为什么事伤心呀?"

老奶奶哽咽着说:"我没有还清财主的债,他们要霸占我的房子。"

小黄龙安慰道:"老奶奶,你放心,我会帮你的。"

老奶奶破涕为笑,掸掸衣裳也跟着小黄龙走了。就这样一直来到了财主家门前,小黄龙问道:"你们知道财主最喜欢什么吗?"

大家想了想,回答道:"财主最喜欢金子。"

小黄龙一想,我有金鳞片,不正好可以派上用场吗?于是,它便忍着剧痛将自己的鳞片都揭下来,然后分给他们。

到了财主家后,财主大声训斥道:"喂,放牛娃,快还我的牛!老头儿,快还我的租子!老太婆,快还我的钱!"

三人把金鳞片交给财主,财主却犯愁了:金鳞片好是好,可就是碎得不成样子。

小黄龙说:"你可以把这些金鳞片放进炉子里,熔化了,就可以浇铸成金元宝了。"

财主一听,连连点头,眼睛笑得眯成一条缝

了。他乐呵呵地对大家说:"我收到你们的东西了,放你们回去吧。"

小黄龙帮了大家的忙,他们三人都想报答小黄龙。

小黄龙眨眨眼,说道:"老爷爷,我认你做亲爷爷吧;老奶奶,我认你做亲奶奶吧;放牛哥哥,我认你做我的哥哥吧。"

大家都很喜欢小黄龙,于是毫不犹豫地答应了。他们便成了一家人。小黄龙很勤快,总是抢着干活。但是小黄龙跟老爷爷种庄稼,只锄旱地,不下水田;小黄龙帮老奶奶做家务,只肯劈柴,不

肯挑水;小黄龙和放牛娃去放牛,只走山路,不去河边。三人都觉得很奇怪,为什么小黄龙从不沾水呢?

再说财主得到了金鳞片后,非常得意,还通知亲朋好友同来欣赏。他叫家人将一个大火炉烧得旺旺的,并摆下酒宴,要让大家看看他是怎么把金鳞片做成金元宝的。哪知道金鳞片一进火炉,火炉的火更大了。原来小黄龙是一条火龙,它的鳞片遇到火就会越烧越旺。火苗蹿到了房梁上,大家纷纷逃窜。不一会儿的工夫,财主的家就成了一片火海,冒起了冲天的烟雾。烟雾弥漫，居然飘到了紫云洞，老黄龙打了个大大的喷嚏。这个喷嚏把正在睡觉的老黄龙惊醒了，它睁眼一看，发现小黄龙不见了。它勃然大怒，钻出山洞，开始四处寻找小黄龙。

突然，它看到了财主家火光冲天，心中非常着急。为什么呢？因为老黄龙帮财主做了很多坏事，财主总给它拿好吃的。老黄龙仔细一闻，叫道："怎么是火龙鳞的味道？肯定是小黄龙干的好事。"

老黄龙气坏了，他找不到小黄龙，便将怒气发在人们身上。老黄龙将杭州城变成了火海，杭州城被烧得只剩下一片焦土。

小黄龙知道这些祸都是因为自己，决心帮助人们制服老黄龙。它对人们说："老黄龙作恶多端，让我们去降服他吧。"

"你有什么办法吗？"大伙望着小黄龙说。

"老黄龙是火龙，它最怕水了。你们把西湖水攒起来，我自有办法。"

大家一听，拿出所有能盛水的东西，扛的扛，抬的抬，挑的挑，瞬间就把西湖里的水全舀干了。到了晚上，大伙便跟着小黄龙来到了紫云洞。老黄龙放了一把火，早已累得筋疲力尽，又回到紫云洞酣睡起来。小黄龙看到老黄龙睡着了，便让大家往洞里灌水。大家齐心协力，不一会儿便将紫云洞淹没了。老黄龙就这样被淹死了。

从此以后，小黄龙就留在了人们中间，为人们做了很多好事。